ひふみ神示
宇宙訳【下】

宇咲愛

ヒカルランド

ひふみ神示　宇宙訳【下】　目次

ブックデザイン　櫻井浩（⑥Design）
校正　麦秋アートセンター

第二巻　下つ巻（四百つまき）

第十三帖（五五）

逆立ちして歩くこと、なかなか上手になりたれど、そんなこと長う続かんぞ。あたま下で、手で歩くのは苦しかろうがな、上にいては足も苦しかろうがな、上下逆様《さかさま》と申してあるが、これでよくわかるであろう、足はやはり下の方が気楽ぞ、あたま上でないと逆さに見えて苦しくて逆様ばかりうつるぞ、この道理わかりたか。岩戸開くとは元の姿に返すことぞ。神の姿に返すことぞ。

【ひふみ神示　宇宙訳】

今あなた方が住んでいる地球は、宇宙の一部です。したがって、宇宙の法則で動いています。

しかし、いつの日か地球に住む人が、あたかも地球独自の法則で動いているのだと吹聴《ふいちょう》したのです。

その内容は、宇宙からすると真逆のことが非常に多い内容なのです。たとえていうならば、逆立ちして歩いているような法則なのです。その法則は、なかなか上手く創られてさもそう動いているように信じ込ませることに成功しているように映ります。しかし、真実ではないことは、そんなに長く続かないでしょう。

あなた方の肉体にたとえるならば、逆立ちをして手で歩いているようなものなのです。頭が下になって歩くのは、長続きしないでしょう。足も上に存在し続けるのは、苦しいでしょう。

あなた方の信じている地球の法則は、まさしく、このようなモノなのです。上下さかさまになっているのです。

足は、やはり下の方が気楽でしょう。頭は、上でないと物事がさかさまに見えるので、真実をみているのとは違うのです。
この道理は、感じ取れたでしょうか？
岩戸を開くとは、元の姿に還《かえ》ることなのです。
つまり、頭が上で足が下に来ることなのです。

三《ミチ》の役員は別として、あとの役員の御役は、手、足、目、鼻、口、耳などぞ。人の姿見て、役員よく神の心悟れよ、もの動かすのは人のような組織でないと出来ぬぞ。この道の役員は、己が自分で自《おの》ずからなるのぞ、それが神の心ぞ。人の心と行いと⦿の心に融けたら、それが神の国のまことの御用の役員ぞ、この道理わかりたか。
この道は神の道ざから、神心になるとすぐわかるぞ、金銀要らぬ世となるぞ。御用嬉しくなりたら神の心に近づいたぞ、手は手の役、嬉しかろうがな、足は足の役、嬉しかろうがな、足はいつまでも足ぞ、手はいつまでも手ぞ、それがまことの姿ぞ、逆立ちしていたからよくわかりたであろうがな。

いよいよ世の終わりが来たから役員気つけてくれよ。神代近づいて嬉しいぞよ。日本は別として、世界七つに分けるぞ。今にわかりて来るから、静かに神の申すこと聞いておりて下されよ。この道は初め苦しいが、だんだんよくなる仕組ぞ、わかりた臣民から御用つくりてくれよ、御用はいくらでも、どんな臣民にでも、それぞれの御用あるから、心配なくつとめてくれよ。七月の十八日の夜、ひつくのか三。

【ひふみ神示　宇宙訳】

この神示を下ろして伝える役割使命の人々は別として、その他の人々の中でご自分がその役割使命の人々を支えてサポートするのがご自分の役割使命だと感じた人々が、自らの意志でその役割使命を果たしていくのです。

それが、宇宙の真理なのです。

その人々が手となり、足となり、目となり、口となり、耳となり、鼻となり支えていくのです。

自らの意志でその行動を起こすことがとても大切なことなのです。

この地球は物質世界であり、あなた方肉体を持つ人間組織でしか物質世界は変えることができないのです。

ご自分の五感を使って、人々の姿を観《み》て宇宙の真理を感じていきましょう。

これからの新時代は、いよいよ神聖な世界へと突入しました。

宇宙と共鳴した人々だけが、今後の展開に参加していくことでしょう。

金銀必要のない世界となることでしょう。

ご自分の役割使命が嬉しい！　と感じた時が宇宙と共鳴している証拠でしょう。

手は手の役割が嬉しいでしょう。

足は足の役割が嬉しいでしょう。

手はいつまでも手の役割なのです。

足はいつまでも足の役割なのです。

それが真実の姿なのです。

それが逆立ちして、手が足の代わりをしていたから今のような世界となっているのです。

いよいよ、その逆転している世界が終焉《しゅうえん》に向かっているので、宇宙の真理を知ったあなた方は、よくよく、この真実を心得ておきましょう。

神聖な時代が近づいていることは、光の地球へと近づいたということなのです。

日本は別として世界が七つに分かれるでしょう。

今にわかってくるでしょうから、我《が》を強く持たずに宇宙と共鳴して流されていくことでしょう。

今回の役割使命は、はじめは苦しみを感じるかもしれませんが、だんだんとよくなるという仕組みなのです。

それを感じた役割使命の人々から、行動を起こしましょう。

役割使命は、全ての人々に存在しています。
心配なくご自分の役割使命へと進みましょう。

第十四帖（五六）

臣民ばかりでないぞ、神々様にも知らせなならんから、なかなか大層と申すのぞ。一二三《ひふみ》の仕組とは、永遠《とわ》に動かぬ道のことぞ、三四五《みよいづ》の仕組とは、みよいづの仕組ぞ、御代出づとは、⦿の御代になることぞ、この世を⦿の国にねり上げることぞ、⦿祀りたら三四五の御用にかかるから、そのつもりで用意しておいてくれよ。

この⦿は、世界中の神と臣民と、獣《けだもの》も草木も構わねばならんのざから、御役いくらでもあるぞ。神様と臣民、同じ数だけあるぞ。それぞれに神つけるから、早う身魂磨いてくれよ、磨けただけの神をつけて、天晴《あっぱ》れ後の世に残る手柄立てさすぞ。

☉

小さいことはそれぞれの神に聞いてくれよ、一人ひとり、何でも聞きたいことや、病治すことも、それぞれの神がするから、サニワでお告げ受けてくれよ、この方の家来の神が知らせるから、何でも聞けよ。病も治してやるぞ、この神頼りたなら、身魂磨けただけの神徳あるぞ。この世始まってない今度の岩戸開きざから、これからがいよいよぞ。とんだところにとんだこと出来るぞ。それはみな神がさしてあるのざから、よく気つけておれば、先のこともよくわかるようになるぞ。元の☉代に返すと申すのは譬《たと》えでないぞ。

七から八から九から十から神烈しくなるぞ、臣民の思う通りにはなるまいがな。それは逆立ちしているからぞ。世界一度にキの国にかかりて来るから、一時は潰れたように、もうかなわんと言うところまでになるから、神はこの世におらんと臣民申すところまで、むごいことになるから、外国が勝ちたように見える時が来たら、神の代近づいたのぞ、いよいよとなりて来ねばわからんようでは御用来んぞ。七月の二

十日、ひつくのか三。

地球に住む人々だけではなく、地球をサポートしている光の存在たちともシェアしていくことが大切です。

【ひふみ神示　宇宙訳】

ひふみの仕組み、つまり、宇宙の法則とは、永遠に変わらない基本的な法則を指しているのです。

三四五みよいつの世界とは、本来この世に出てくるべき新時代を指すのです。

新時代とは、この地球をサポートするために存在する光の存在を指すのです。

その光の存在たちは、肉体を持つ者も居ます。

この世界を光の地球へと導くことが重要です。

光の存在たちが自らの立場を自覚し覚悟したならば、世界中の光の存在たちやこの地球を光に導く役割使命を持つ者たちや波動が荒い存在たちにも関わっていく必要があるので、すべき役割使命はたくさんあるのです。

光の存在や地球を光へと導く役割使命を持つ者たちの数だけあるのです。

それぞれの人々に宇宙のサポートがあるので、そのことに気づきましょう。

ご自分のエゴを捨て、ご自分の我を抑えた人にそのステージに見合ったサポートがあるでしょう。

光の地球となった後にその重要性が判明するような役割使命を果たすことになるでしょう。

第十五帖（五七）

この方祀りて神示書かすのは一所《ひとところ》なれど、いくらでも分《わ》け御霊《みたま》するから、一人ひとり祀りてサニワ作りてもよいぞ。祀る時は、まず鎮守様、よくお願いしてから祀れよ。鎮守様は御苦労な神様ぞ、忘れてはならんぞ。

この神には鳥居《とりい》と注連《しめ》は要らんぞ。おいおいわかりて来るぞ、一二七

七七七七忘れてはならんぞ、次の世の仕組であるぞ。身魂磨けば何事もわかりて来ると申してあろうがな、黙っていてもわかるように、早うなって下されよ、◉の国近づいたぞ。七月の二十一日、ひつくのか三。

【ひふみ神示　宇宙訳】

このひふみ神示のメッセージを書き下すのは、今は一か所なのですが、今後は数名の人々にメッセージを伝えてくことになるでしょう。その人々がおひとりおひとりメッセージを降ろし、その際にそのメッセージが真実なのかを確かめるための審神者《さにわ》の役割をする人が出現していくことでしょう。

その役割使命を担《にな》っていく人々は、拡大していく際に必ず、その土地を守っているエネルギーが存在しているので、そのエネルギーに挨拶《あいさつ》をして拡大して行きましょう。

その土地を守っているエネルギーには、神聖な場所とそうでない場所の区切りをする必要はありません。

そのうちにその意味が分かってくるでしょう。

新時代には、神聖な場所とそうでない場所の区切りは、無意味となるでしょう。あなた方の身も心も磨き、波動が整えば宇宙の仕組みがわかってくるでしょう。

私（マスタークリエイター）からのメッセージがなくても、私（マスタークリエイター）と常に共鳴し続けることがあなた方が役割使命へ実践する方向へ導くことでしょう。それが実践されていくことで神聖な波動である国となるのです。

日本という国の使命に近づくのです。

第十六帖（五八）

智恵でも学問でも、今度は金積んでもどうにもならんことになるから、

そうなりたら◯ヽを頼るよりほかに手はなくなるから、そうなってから助けてくれと申しても間に合わんぞ。イシヤの仕組にかかりて、まだ目さめん臣民ばかり。日本精神と申して卍《ぶつ》の精神や十《キリスト》の精神ばかりぞ。今度は神があるかないかを、ハッキリと神力見せて、イシヤも改心さすのぞ。◯ヽの国のお土に悪を渡らすことならんのであるが、悪の神渡りて来ているから、いつか悪の鬼ども上がるも知れんぞ。◯ヽの国ざと口先きばかりで申しているが、心の内は外国（幽界）人、沢山あるぞ。

富士から流れ出た川には、それぞれ名前のついている石置いてあるから、縁ある人は一つずつ拾って来いよ、お山まで行けぬ人は、その川で拾って来い、御霊《みたま》入れて守りの石と致してやるぞ。これまでに申しても疑う臣民あるが、嘘のことならこんなにくどうは申さんぞ。因縁の身魂には◯ヽから石与えて守護神の名つけてやるぞ。

江戸が元のすすき原になる日近づいたぞ。てんし様を都《みやこ》に遷《うつ》さななららん時きたぞ。江戸には臣民住めんような時が一度は来るのぞ。前のような世が来ると思うていたら大間違いぞ。江戸の仕組済みたらカイの御用あるぞ。今にさびしくなりて来ると、この道栄えて、世界の臣民みな訪ねて来るようになるぞ。七月の二十一日の夜、ひつ九のか三。

【ひふみ神示 宇宙訳】

新時代には、知恵でも学問でもお金をかけてもどうしようもできない世界となっていくでしょう。そうなった時代は、宇宙と共鳴し宇宙の叡智《えいち》をキャッチして、ご自分らしく生き抜く必要があります。

あなたが宇宙と共鳴することを避けエゴを中心として生きて行く方向を選んでいると新時代となった今、生き方を変えていくことをお勧めします。

頑張って、競争して勝っていくことが豊かで幸せになる道であると、信じこんでいる人々が多く存在しています。

それは、この地球を陰で操り支配コントロールしている人々によって信じ込まされているのです。

真実の宇宙の法則を軽んじて私腹を肥やしている支配コントロールしようとしている人々も真の宇宙の存在を体験していくでしょう。

今まで、外見からすると人に好かれ信頼されている人の中で、その人の本質は裏腹であったという真実が明らかになっていくことでしょう。口先ばかりで行動が伴わない人は、「支配コントロール」がベースに存在している波動があるのです。その「闇」の波動が浮き彫りになっていくでしょう。

一見、柔らかでにこやかに見えるその人々の心の内は、「海外の闇」の波動が宿っているのです。

私（マスタークリエイター）と約束した魂の持ち主（この地球を光に導くリーダー）には、その人の能力を最大限に引き出す石を与えましょう。そして、その人々に対して、宇宙が全力でサポートすると約束し、その人が私に誓った証《あかし》である「宇宙名」が存在しているのです。すなわち、宇宙名が存在しているというのは、私（マスタークリエイター）と「地球を光に導くリーダーである」と宇宙で約束してきた証でもあるのです。宇宙名を手放した時点でその者は、私（マスタークリエイター）との約束を放棄したものとみなすでしょう。

東京には、人が心安らかに住めなくなるときが一時期くるでしょう。東京の仕組みが崩壊したあかつきには、その仕組みを整える役割使命がくるでしょう。それは、光の地球で存在するために不必要な仕組みを必要な仕組みに変換していくことなのです。光の地球として存在するために必要なことは何なのか？そこに集中してくことが大切なのです。今までの仕組みに執着していると心が空洞になってき自分自身を見失って行くでしょう。

光の地球として存在するために必要な仕組みを整えることは、この地球全体に必要な仕組みとなり、世界中からその仕組みを学びに集まってくることでしょう。

２０１９年１月３日

第十七帖（五九）

学や知恵では外国にかなうまいがな、神頼れば神の力出るぞ、善いことと言えば善くなるし、悪きこと思えば悪くなる道理わからんか。今の臣民口先きばかり、こんなことでは⦿の民とは申さんぞ。

天明は神示《ふで》書かす役ぞ。神の心取り次ぐ役ざが、慢心すると誰かれの別なく、替え身魂使うぞ。因縁のある身魂は、この神示見れば心勇んで来るぞ。一人で七人ずつ道伝えてくれよ、その御用がまず初めの御用ぞ。この神示通り伝えてくれればよいのぞ。自分ごころで説くと間違うぞ。神示通りに知らしてくれよ。我を張ってはならぬぞ、我がなくてはならぬぞ、この道難しいなれど、縁ある人は勇んで出来るぞ。

七月二十一日、一二の⦿。

【ひふみ神示　宇宙訳】

戦略やマネジメントでは、海外のものにはかなわないでしょう。宇宙と共鳴すれば、宇宙の叡智がキャッチできるのです。あなた方の発言が光であれば、光が実現するでしょう。闇をイメージすれば闇が実現するでしょう。

その法則が宇宙の法則であり、あなた方が住んでいる、地球も宇宙の一部です。ですから、宇宙の法則で動いているのです。それを受け容れることが重要です。現代の人々の多くは、口先ばかりで、心や行動が伴っていません。

岡本天命氏は、この神示を書かせる役割使命があるのです。今は、あなたがこの神示を訳しているのです。宇宙、つまり私（マスタークリエイター）の代弁をしているメッセンジャーの役割です。その時代その時代にこの神示を訳すものがでてくるのです。その訳すものが慢心になると身代わりの魂に役割が移行するでしょう。

この神示にご縁がある魂の人は、この神示に触れると心が勇んでくるでしょう。あなたがその人々に宇宙の法則を伝え続けるのです。そして、伝わった人々は、一人で7人ずつの人々に宇宙の法則で生きる生き方を伝えていくことでしょう。

宇宙の法則をそのまま伝えるためには、まず、その人自身が宇宙の法則を実践し、周囲の人々に影響を与えていく必要があるのです。

ご自分勝手な捉え方をすると違う方向へ流されて行くことでしょう。宇宙の法則を曲げずにそのまま伝えて行きましょう。我を張らないようにしましょう。しかし、我というものもなくてはならないものなのです。

張らないでよい我は、役割使命に対してのご自分の欲望エゴです。そして、必要な我は、ご自分の光に意識を向けご自分らしさを尊重することです。

宇宙の法則と地球の法則は、全く違うので難しく捉えがちでしょうが、あなたに縁がある人々は、喜んで勇んで実践し、進んでいくことでしょう。

２０１９年１月９日

第十八帖（六〇）

この道は⦿の道であり、人の道であるぞ。この道の役員は神が命ずる

☉

こともあるが、己が御用すれば、自然と役員となるのぞ、誰かれの別ないぞ、世界中の臣民みな信者ざから、臣民が人間ごころでは見当とれんのも無理ないなれど、このことよく腹に入れておいてくれよ。☉の土出るぞ、早く取りて用意して皆に分けてやれよ。☉に心向ければいくらでも神徳与えて、何事も楽にしてやるぞ。七月の二十三日、ひつ九のか三のふで。

【ひふみ神示　宇宙訳】

この地球を光に導く役割使命というのは、神聖な道であり、人々の道でもあります。この役割使命のリーダー的な役割使命を担うのは、宇宙で約束してきた人々ですが、自らがこの人々をサポートしていくことが自然とこの道のリーダー的な存在になっていくのです。それは、全ての人々に通じることなのです。

あなた方人間は、全て私（マスタークリエイター）の子供なのです。それは、あなた方が肉体を持ち物質界で存在しながら、その心で宇宙の叡智を降ろすのは難しいのは仕方のないことでしょう。しかし、私（マスタークリエイター）からのメッセージは、あなた方の魂は知っているのです。あなた方の魂と共鳴していくことを常日頃の習慣にしていきましょう。

あなた方が光そのものとなることを引きだす波動がいよいよ出現するでしょう。

あなたが気づいて全ての人々にわかりやすく広げて行きましょう。光そのものに意識を向けていれば、無限の世界の扉を容易に開き出入りが自由になるでしょう。

その世界を思い出せば、地球の暮らしも豊かになり、楽しくなるでしょう。

２０１９年１月17日

第十九帖（六一）

苦しくなりたら何時《いつ》でもござれ、その場で楽にしてやるぞ、☉に従え

ば楽になって、逆らえば苦しむのぞ。生命《いのち》も金もいったん天地へ引き上げしまう知れんから、そうならんように心の洗濯第一ぞと申して、くどく気つけていることまだわからんか。七月の二十三日、一二のか三。

【ひふみ神示　宇宙訳】

あなた方が苦しいと感じる時、私（マスタークリエイター）を感じましょう。宇宙に意識を向けるのです。あなた方は、私の子供、私（マスタークリエイター）は、あなた方を愛しています。あなた方の本質は、光そのモノなのです。それを信じるも信じないのも、自由です。私（マスタークリエイター）は、あなた方に自由を与えています。つまり、あなた方は、クリエイターなのです。あなたが発した波動が、クリエイトする。つまり、地球上で実現しているのです。宇宙から感じていると見事にあなた方が、望んでいることが実現しているのです。その自覚を持つことで意識的に波動を共鳴させるコツへと導かれることでしょう。
２０１９年１月24日

第二十帖（六二）

上《うえ》、中《なか》、下《した》の三段に身魂をより分けてあるから、⦿の世となりたら何事もきちりきちりと面白いように出来て行くぞ。⦿の世とは⦿の心のままの世ぞ、今でも臣民⦿ごころになりたら、何でも思う通りになるぞ。臣民近欲《ちかよく》なから、心曇りているからわからんのぞ。

今度の戦は神力と学力のとどめの戦ぞ。神力が九分九厘まで負けたようになった時に、まことの神力出して、グレンと引っ繰り返して、⦿の世にして、日本のてんし様が世界まるめて治《しろ》しめす世と致して、天地神々様にお目にかけるぞ。てんし様の光が世界の隅々まで行きわたる仕組が三四五の仕組ぞ、岩戸開きぞ。

◉

いくら学力強いと申しても、百日の雨降らすこと出来まいがな。百日雨降るとどんなことになるか、臣民にはわかるまい。百日と申しても、◉から言えば瞬《またた》きの間ぞ。七月二十三日、ひつ九の◉。

【ひふみ神示 宇宙訳】

あなた方の魂の光には、三種類の分類があり、新時代になれば役割ごとの光の魂が明らかになっていくことでしょう。

「神の世」とは、地球に住むすべての人々が宇宙の法則に則《のっと》って生活している時代を指すのです。

今でもあなた方が宇宙と共鳴し、宇宙の法則で生きたならば、あなたの魂が望むことが何の弊害もなく実現していくことでしょう。

地球に住む人々は、目先の欲望エゴで魂の欲することがわからない状態になっているのです。

新時代、次に起こることは、地球人が創り出した宇宙の法則と学力、つまり知識について、どちらが新時代に必要か？　ということでしょう。

地球人が創り出した宇宙の法則が、99％劣勢になったとき、真実の宇宙の法則がわかるでしょう。

それは、全く真逆な世が実現するでしょう。その時には、日本に存在している世界をまとめていく役割使命の人が世に出現し、その時にあなた方地球人が真実の宇宙の存在をキャッチできるようになるでしょう。

宇宙と共鳴し、宇宙の法則を実践している世界をまとめる使命のある存在の光が地球全体を覆いつくしたとき、みよいつ（３４５）の仕組みで地球の最終の岩戸開きが実現するのです。

いくら知識や情報をたくさん持っていたとしても、それは、ただのコンピューターにすぎずその存在は、１００日の雨も降らせることができないでしょう。１００日の雨が降るとどのような事態となるのか、地球人には理解できないでしょう。地球上の１００日間というのは、宇宙でたとえるならば、あなた方が瞬きするほどの瞬間に感じることなのです。

第二十一帖（六三）

丶ばかりでもならぬ、〇ばかりでもならぬ。⦿がまことの⦿の元の国の姿ぞ。元の⦿の国の臣民は⦿でありたが、丶が⦿の国に残り、〇が外国で栄えて、どちらも片輪となったのぞ。丶もかたわ、〇もかたわ、丶と〇と合わせてまことの⦿の世に致すぞ。今の戦は丶と〇との戦ぞ、⦿の最後の仕組と申すのは、〇に丶入れることぞ。〇も五ざ、丶も五ぞ、どちらもこのままでは立ちて行かんのざ。一厘の仕組とは〇に⦿の国の丶を入れることぞ、よく心にたたみておいてくれよ。⦿は十柱、五十九柱のからだ待ちているぞ。五十と九柱のみたまの⦿⦿《かみがみ》様お待ちかねであるから、早う参りてくれよ。今度の御役大層であるが、末代残る結構なお役であるぞ。七月二十四日、一二のか三。

【ひふみ神示　宇宙訳】

地球だけでも成り立ちません。そして、宇宙だけでも成り立ちません。あなた方の世界に必要なのは、宇宙と地球の融合なのです。

何事にも、相反することが存在しています。しかし、それらは、言い換えれば、相補性、すなわち、お互いに補い合うものなのです。

今後あなた方住む地球では、次へ進む道しるべは「相補性」であるといえるでしょう。

どちらだけ存在しても、バランスがとれずパーフェクトではありません。新時代に必要なキーワードなのです。

宇宙と地球の融合であり、男性と女性が存在する光の地球となるのです。

２０１９年２月７日

◉

第二十二帖（六四）

岩戸開く仕組知らしてやりたいなれど、この仕組、言うてはならず、言わねば臣民にはわからんし、◉苦しいぞ、早う◉心になりてくれと申すのぞ、身魂の洗濯急ぐのぞ。

アイカギ　ヽ◯◉　コノカギハ　イシヤト　シカ　テ　ニギルコトゾ、

一二◉、七月の二十八日。

【ひふみ神示　宇宙訳】

岩戸が開く仕組をみなさんにお伝えする波動は、今では、なさそうです。

あなた方が宇宙の意識となればわかることでしょう。その為には、ご自分のエネルギーセンターをクリアにしている必要があります。

宇宙に存在している、無限の世界の扉を開けるカギを思い出すこと。

それは、あなた方の意思や利益、活動の根源にヒントがあるでしょう。

２０１９年２月13日

第二十三帖（六五）

世が引っ繰り返って元の神世に返るということは、⦿⦿《かみがみ》様にはわかっておれど、世界ところどころにそのこと知らし告げる神柱《かみはしら》あるなれど、最後のことはこの⦿でないとわからんぞ。この方は天地をキレイに掃除して、天の大神様に御目にかけねば済まん御役であるから、⦿の国の臣民は⦿の申すようにして、天地を掃除して、てんし様に奉らなならん御役ぞ。

江戸に⦿早う祀りてくれよ。仕組どおりにさすのであるから、臣民我を去りてくれよ。この方祀るのは天のひつくの家ぞ。祀りて秋立ちたら、⦿いよいよ烈しく、臣民の性来《しょうらい》によって、臣民の中に神と獣とハッキリ区別せねばならんことになりて来たぞ、神急けるぞ。七月の三十日、ひつくのか三。

【ひふみ神示　宇宙訳】

世の中がひっくり返って宇宙と共鳴することは、光の存在たちにはわかっています。世界のところどころに社会がひっくり返っている状況を知らせるポイントが存在しています。最後のこと、つまり、この地球が光を放ったトキは、ある光の存在が知らせるでしょう。その存在は、あなた方が宇宙と共鳴し、地球と共鳴することに導く役割使命を担っています。そして、私（マスタークリエイター）とあなた方を共鳴させる目的があります。

東京に神聖な場所を創り、神聖な人々が集えるように動きましょう。人々は、役割使命に対しては、「我」「エゴ」を持たずに果たしましょう。この光の存在が共鳴しやすい波動の場所が必要なのです。その場所が確立された「秋」、いよいよ地球の周波数が激変し、それぞれの人の元来持っている本質が表在し、光の存在なのか？　そうでないのか？（ひふみ神示では「獣」と書いて有ります）はっきり区別される時が来たのです。

2019年2月13日

第二十四帖（六六）

一が十にと申してありたが、一が百に、一が千に、一が万になる時いよいよ近づいたぞ。秋立ちたらスクリと厳しきことになるから、⦿の申すこと一分一厘違わんぞ。改心と申すのは、何もかも神にお返しすることぞ、臣民のものというもの何一つもあるまいがな、草の葉一枚でも⦿のものぞ。七月の三十日、ひつくのか三。

【ひふみ神示　宇宙訳】

あなた方の発した波動が、宇宙では、千倍になっているのですが、そろそろ地球に於《お》いてもそれが反映するときがきました。

一が十、一が百に、一が千倍に、そして、一が万倍になるときがいよいよ近づいてきました。秋を迎えた後、その激変が地球上で現実として反映されるでしょう。宇宙の法則は、寸分のくるいもありません。「改心」というのは、宇宙に全てを委《ゆだ》ねることなのです。役割使命に関しては、「我」「エゴ」というものは、何一つ認められていないのです。草の葉一枚でも宇宙そのものなのです。

２０１９年２月13日

第二十五帖（六七）

今度の戦《いくさ》で何もかも埒《らち》ついてしまうように思うているが、それが大きな取り違いぞ、なかなかそんなチョロコイことではないぞ、今度の戦で埒つくくらいなら、臣民でも致すぞ。今に戦も出来ない、動くことも引くことも進むことも、どうすることも出来んことになりて、臣民は神がこの世にないものと言うようになるぞ、それからがいよいよ正念場ぞ、まことの神の民と獣《けもの》とをハッキリするのはそれからぞ。

戦出来る間はまだ⦿の申すことときかんぞ、戦出来ぬようになりて、初めてわかるのぞ、神の申すこと、ちっとも違わんぞ、間違いのことなら、こんなにくどうは申さんぞ。⦿は気《け》もない時から知らしてあるから、いつ岩戸が開けるかということも、この神示《ふで》よく読めばわかるようにしてあるぞ、改心が第一ぞ。七月の三十日、ひつくのか三のふで。

【ひふみ神示　宇宙訳】

今度の大きな変化が最終的な変化ではありません。

何度も何度も従来のモノが崩壊して新しいモノに建て替えられていくのでしょう。

私（マスタークリエイター）と約束してきた役割使命を果たすことから逃げている人々は、最終的には逃げ場がなくなるような体験をするでしょう。

その体験をする人は、その人の魂が希望している流れなのです。

とても幸運なことと捉えることが肝要でしょう。

一時的には、宇宙からのサポートを疑うような出来事を体験するでしょう！

その時がその人の正念場なのです。

それでも尚、宇宙や自分自身を信じきることができるかどうか？

そこで、光の存在なのか？

獣に助けを求めてしまうのか？

それがはっきりとする時が来るでしょう！

獣に助けを求めてしまった存在はご自分自身の光との闘いが出来る間は、私（マスタークリエイター）からのメッセージは伝わらないでしょう！

その闘いもできないようになった時に初めて宇宙の法則の真実がわかるのです。

宇宙の法則の真実は、伝え続けています。

その人々の岩戸がいつ開くか？

そのこともこのひふみ神示を読み解けば、わかるようになっています。

2019年年3月7日

第二十六帖（六八）

◉の国を真中《まなか》にして世界分けると申してあるが、◉祀るのと同じやり方ぞ。天《あめ》のひつくの家とは天のひつくの臣民の家ぞ。天のひつくと申すのは天の益人《ますひと》のことぞ、江戸の富士と申すのは、ひつくの家の中に富士の形作りて、その上に宮作りてもよいのぞ、仮でよいのぞ。こんなこと分けてはこの後は申さんぞ。小さいことは審神《さにわ》で家来の神々様から知らすのであるから、そのこと忘れるなよ。仏《ぶつ》も耶蘇《やそ》も、世界中まるめるのぞ。喧嘩《けんか》して大き声するところにはこの方鎮まらんぞ、このこと忘れるなよ。七月の三十一日、一二◉。

⦿

【ひふみ神示　宇宙訳】

日本を真ん中にして世界を分けるようになるでしょう。神を祀《まつ》るのと同じやり方なのです。

神の家とは神の臣民（神の次にピュアな魂の持ち主）の家なのです。

その家の中の波動を宇宙と共鳴させるように意識しましょう。

地球的に必要なメッセージは、光の存在たちからキャッチするでしょう。

常に感性を磨いて意識を持っておきましょう。

地球を光へ導くのです。喧嘩をして大きな声がする場所には、宇宙のサポートはないでしょう。

2022年4月12日

第二十七帖（六九）

この方は祓戸《はらえど》の⦿《かみ》とも現われるぞ。この方祀るのは富士に三《み》と所《ところ》、◎《うづ》

海《うみ》に三と所、江戸にも三と所ぞ。奥山、中山、一の宮ぞ。富士は、榛《はる》名《な》に祀りてくれて御苦労でありたが、これは中山ぞ、一の宮と奥の山にまた祀らねばならんぞ、◎海の仕組も急ぐなれど、甲斐《かい》の仕組、早うさせるぞ。江戸にも三と所、天明の住んでいるところ奥山ぞ。あめのひつくの家、中山ぞ、富士が一の宮ざから気つけておくぞ。

この方祀るのは、真中に神の石鎮め、そのあとにひもろぎ、前の右左にひもろぎ、それが「あ」と「や」と「わ」ぞ、そのあとに三つ、七五三とひもろぎ立てさすぞ。少しはなれて四隅《すみ》にイウエオの言霊石《ことたまいし》置いてくれよ。鳥居《とりい》も注連《しめ》もいらぬと申してあろがな、このことぞ。この方祀るのも、役員の仕事も、この世の組立《くみたて》も、みな七七七七と申して聞かしてあるのには気がまだつかんのか。

臣民の家に祀るのは神の石だけでよいぞ、天のひつくの家には、どこでも前に言うたようにして祀りてくれよ。江戸の奥山には八日、秋立つ日に祀りてくれよ、中山九日、一の宮には十日に祀りてくれよ。気

⦿

つけてあるのに⦿の神示読まぬからわからんのぞ、このことよく読めばわかるぞ。今のようなことでは⦿の御用つとまらんぞ、正直だけでは⦿の御用つとまらんぞ。裏と表とあると申して気つけてあろがな、シッカリ神示《ふで》読んで、スキリと肚に入れてくれよ。読むたびごとに⦿が気つけるように声出して読めば、読むだけお蔭あるのぞ。七月の三十一日、一二⦿。

【ひふみ神示　宇宙訳】

あなた方の邪心を祓《はら》う神々が現れるでしょう。その神々は、冨士に三か所、生命の誕生である海に三か所、人間を自然から切り離している悪しき場所にも三か所、その三か所とは、奥山、中山、一宮のことなのです。真実は、未来永劫継続可能な時代を創造しましょう。

日常生活を整え、人間らしく強く生きることを実践していきましょう。

新しい時代の開始は、中山（千葉県）にヒントがあります。ここに重要な役割が存在しているのであなたの中にしっかりとどめておいてください。

ここに祀っているのは、真ん中に神の石鎮め、その後ろ左右が聖地となるのです。

それが、始まり、発展、水平の広がりなのです。本来の魂に優劣や上下関係は存在しない水平の世の中を指すのです。

このように神を祀るのも、宇宙からの約束でこの地球を光に導くあなたをサポートするヘッドリーダーの役割を持っている人々もこの世の仕組みも、すべて7777と伝え続けています。あなたを支える7名その7名を支える7名、その7名を支える7名なのです。

人間を自然から切り離している場所の中でも自然が残っている場所には、八日、立秋の日に祀りましょう。千葉県には、九日、一宮には十日に祀りましょう。

今の様なことでは、宇宙からの御用は達成できないでしょう。正直だけでは、宇宙からの役割使命は果たせないのです。

ことには、裏と表があるのです。しっかりとひふみ神示を読んで腑に落としましょう。
今現在表が裏となり、裏が表になることでしょう。
2022年4月12日

第二十八帖（七〇）

またたきの間に天地引っ繰り返るような大騒動が出来るから、くどう気つけているのざ、さあという時になりてからでは間に合わんぞ、用意なされよ。戦の手伝いくらいなら、どんな神でも出来るのざが、この世の大洗濯は、我《わ》れ善《よ》しの神ではよう出来んぞ。この方は元のままの身体《からだ》持ちているのざから、いざとなればどんなことでもして見せるぞ。

仮名《かな》ばかりの神示と申して馬鹿にする臣民も出てくるが、しまいにはその仮名に頭下げて来ねばならんぞ、カナとは⦿の名ぞ、神の言葉ぞ。今の上の臣民、自分で世の中のことやりているように思うているが、みな⦿が化かして使っているのに気づかんか、気の毒なお役も出て来るから、早う改心してくれよ。年寄や女や盲、聾ばかりになりても、まだ戦やめず、⦿の国の人種《ひとだね》の無くなるところまで、やりぬく悪の仕組もう見ておれんから、⦿はいよいよ奥の手出すから、奥の手出したら、今の臣民ではようこたえんから、身魂曇りているから、それでは虻蜂《あぶはち》取らずざから、早う改心せよと申しているのぞ、このことよく心得て下されよ、⦿急《せ》けるぞ。八月二日、ひつくのか三。

【ひふみ神示　宇宙訳】

一瞬のうちに天地がひっくり返るような大騒動がおきると思い込まされている方々がいらっしゃいます。周りの言動に振り回されていると自分軸では、立ち行かなくなり、その渦の中に引きこまれてしまいます。

敵味方という観点からの闘いを良しとする時代は終焉を迎えました。この地球を光へ導くのは、エゴではなく、役割使命で生きる人々なのです。私（マスタークリエイター）と約束した人々は、役割使命を果たすために肉体をもって降りたのですから。

それを果たすためには、全てが可能になるのです。

言葉には、エネルギーがあります。仮名にもエネルギーがあります。

この地球は、全て波動で動いていることを知る必要があります。

生き方を見直す必要があるのです。

第二十九帖（七一）

⦿の土出ると申してありたが、土は五色《ごしき》の土ぞ、それぞれに、国々、ところどころから出るのぞ。白、赤、黄、青、黒の五《い》つ色ぞ、薬のお土もあれば食べられるお土もあるぞ、⦿に供えてから頂くのぞ、何事

も⦿からぞ。八月二日、一二⦿。

【ひふみ神示 宇宙訳】

神の土が出てくるでしょう。その土は、5色の土なのです。それぞれに様々な国から出現するでしょう。白、赤、黄色、青、黒の五色なのです。薬もあれば食べものである土もあるでしょう。神に供えてからいただきましょう。何事も神からなのです。

2022年4月12日

第三十帖（七二）

八のつく日に気つけてくれよ、だんだん近づいたから、辛酉《かのととり》はよき日、よき年ぞ。冬に桜咲いたら気つけてくれよ。八月二日、一二⦿。

☉

【ひふみ神示　宇宙訳】

8のつく日は気を付けましょう。日本にとって良い日となるでしょう。冬に桜が咲いた年は、とても良い年になるでしょう。

第三十一帖（七三）

この神に供えられたものは何によらん、私《わたくし》することならんぞ、参りた臣民にそれぞれ分けて喜ばしてくれよ、臣民喜べば☉も喜ぶぞ、神喜べば天地光りて来るぞ、天地光れば富士晴れるぞ、富士は晴れたり日本晴れとはこのことぞ。このような仕組でこの道ひろめてくれよ、それが政治ぞ、経済ぞ、まつりぞ、わかりたか。八月の三日、ひつ九のか三。

【ひふみ神示　宇宙訳】

神に供えたものは、人々に分け与え、光の地球へ導く役割使命を約束してきた人々を喜ばせてあげましょう。

その人々が喜べば私（マスタークリエイター）も喜ぶのです。宇宙が喜べば天も地も光輝いてくるでしょう。天地が光れば男性も女性もあなた方人々が二つとない輝きを放つでしょう。

このような仕組みで宇宙の法則を広めていきましょう。

それこそが政治であり経済であり、真理なのです。

第三十二帖（七四）

この道ひろめて金儲けしようとする臣民沢山に出て来るから、役員気つけてくれよ、役員の中にも出て来るぞ、金《かね》は要《い》らぬのざぞ、金いるのは今しばらくぞ、生命《いのち》は国にささげても金は自分のものと頑張って

⦿

いる臣民、気の毒出来るぞ、何もかも天地へ引き上げぞと知らしてあること近づいて来たぞ、金かたきの世来たぞ。八月三日、一二⦿。

【ひふみ神示　宇宙訳】

この宇宙の法則を自分のエゴを満たすために悪用する人々が出現するでしょう。

光の地球へ導く役割使命を課せられている人々の中にもエゴに負けて、自分の保身のために悪用する人が出現するでしょう。

物質欲やエゴを満たす時代は、終焉を迎えているのです。

自分の魂は、裏切っても、エゴを満たすため、この世界を生きてくために仕方がない、という言い訳をして、保身を貫こうとする者たちは、すでにその波動の荒さからくる「悩み」「苦しみ」の生活が待っていることでしょう。

保身やエゴの波動を発信している人々の握りしめているものを宇宙や地球が引き上げていくことになるでしょう。

すでにそれが開始しているのです。

２０２１年11月11日

＊臣民　梅の巻第十二帖

この世の㋹は臣民ぢゃぞ。㋹に次いでの良い身魂《みたま》ぞ。

人間は人民

＊役員

因縁身魂…臣民

役員は、因縁身魂として人生で苦労する設定

それを乗り越えて人生の深みを得た人に役員としての役割が出現する

順風満帆に生きてきた人には、役員は務まらない

第三十三帖（七五）

親となり子となり夫婦となり、同胞《はらから》となりて、生き代わり死に代わりして御用に使っているのぞ、臣民同士、世界の民、みな同胞と申すのは譬《たと》えでないぞ、血がつながりているまことの同胞ぞ、同胞喧嘩も時によりけりぞ、あまりわからぬと⦿も堪忍袋の緒切れるぞ、どんなことあるか知れんぞ、この道の信者は神が引き寄せると申せば役員ふところ手でおるが、そんなことでこの道開けると思うか。一人が七人の人に知らせ、その七人が済んだら、次の御用にかからすのぞ、一聞いたら十知る人でないと、この御用つとまらんぞ、裏表、よく気つけよ。因縁の身魂はどんなに苦しくとも勇んで出来る世の元からのお道ぞ。七人に知らしたら役員ぞ、神が命ずるのでない、自分から役員になるのぞと申してあろがな、役員は⦿の直々の使いぞ、神柱《かみばしら》ぞ。肉体男なら魂《たま》は女《おみな》ぞ、この道盗《と》りに来る悪魔あるから気つけおくぞ。八月の三日、ひつくのか三。

【ひふみ神示　宇宙訳】

あなた方は、この地球で親子関係になったり、夫婦になったり、兄弟になったり、生き死にを重ねて宇宙からの役割使命のために地球に降りてきています。神の役割を担ってきた同士、世界中の人々は、すべて兄弟なのは、たとえ話ではなく真実なのです。

喧嘩も時によりけりであり、仲良くするためのものならば少しは、宇宙も見放さずにいるでしょう。あまりにも分かり合おうとしないものはその波動が地球で実現するでしょう。

いろんな体験経験を積むでしょう。この地球を光に導くもの同士は、神が引き寄せるであろうと期待している場合ではありません。そのような覚悟では、新時代の道を開くことは出来ないでしょう。

一人が7人の人に知らせ、その7人が済んだら、次の役割があるのです。一を聞いて十を知る人でないとこの役割は、務まらないでしょう。

裏表よくよく真理に気づきましょう。因縁の魂は、どんなに苦しくとも勇んでできる世の元からの道を切り開くのです。7人に知らしたら役員になるのです。役員とは、神の計画を実行する役割を担っている者をいうのです。わたし（マスタークリエイター）と直結なのです。

役員は、私（マスタークリエイター）が命じるのではなく、自らが志願したのです。役員は、神の柱なのです。この役員の道を取りにくる悪魔が存在するので気を付けるようよくよく伝えておきます。

２０２２年４月12日

第三十四帖（七六）

臣民はすぐにも戦済みて善き世《よ》来るように思うているが、なかなかそうはならんぞ、臣民に⦿うつりてせねばならんのざから、まことの世の元からの臣民、幾人もないぞ、みな曇りているから、これでは悪の神ばかりが憑《か》かりて、だんだん悪の世になるばかりぞ、それで戦済むと思うているのか、自分の心よく見てござれ、よくわかるであろがな、戦済んでもすぐに善き世とはならんぞ、それからが大切ぞ、胸突き八丁はそれからぞ、富士に登るのにも、雲の上からが苦しいであろがな、戦は雲のかかっているところぞ、頂《いただき》までの正味《しょうみ》のところはそれからぞ。一、二、三年が正念場ぞ。三四五の仕組と申してあろがな。八月の三日、ひつ九のか三。

【ひふみ神示　宇宙訳】

私（マスタークリエイター）と直結した使命をお持ちの方々（臣民）は、この闘いはすぐに済みよい時代が来るように思っているようですが、なかなかそうはならないでしょう。臣民が宇宙としっかり共鳴しなければいけないのですが、そうなっている臣民は、幾人も存在していません。

みんな曇っているからこれでは、悪の神ばかりが出現し、だんだん悪の世になるばかりなのです。

それで、闘いが済むと思っているのでしょうか？　自分の心をよくご覧になってください。すると、よくわかるでしょう。闘いが、済んでもすぐには、良き時代にはなりません。それからが大切なのです。とても苦しい時代はそれからなのです。冨士に登るのにも、雲がかかっている上からが苦しくなるでしょう。闘いは、雲がかかっているところなのです。しかし、まだ、これからが本番なのです。

しかし、あなた方は、まだそこまでも到達していません。あなたは、すでにわかっているでしょう。

冨士の頂上（いただき）までは、闘いが済んでからが正味の活動が開始するのです。

闘いが済んでから1、2、3年が正念場なのです。345（みよいつ）の仕組みとお伝えし続けているのです。

2022年4月12日

第三十五帖（七七）

何もかも持ちつ持たれつであるぞ、臣民喜べば⦿も喜ぶぞ、金《きん》では世は治まらんと申してあるのにまだ金追うている見苦しい臣民ばかり、金は世をつぶす本ぞ、臣民、世界の草木まで喜ぶやり方は⦿の光のやり方ぞ。臣民の生命も長うなるぞ、てんし様は生き通しになるぞ、御《お》玉体《からだ》のままに神界に入られ、またこの世に出られるようになるぞ、死のないてんし様になるのぞ、それには今のような臣民のやり方ではならんぞ、今のやり方はてんし様に罪ばかりお着せしているのざから、このくらい不忠なことないぞ、それでもてんし様はお赦《ゆる》しになり、位までつけて下さるのぞ、このことよく改心して、一時《ひととき》も早く忠義の臣民となってくれよ。八月の三日、ひつ九の⦿。

【ひふみ神示　宇宙訳】

何もかも持ちつ持たれつなのです。臣民喜べば宇宙も喜ぶのです。

お金では、世は治まらないと伝えているのですが、まだお金を追っている見苦しい臣民ばかりです。

お金は、世をつぶす根源なのです。臣民、世界の草木まで喜ぶやり方は、神の光のやり方なのです。

臣民の寿命も長くなるでしょう。

天皇の血筋は、御体のまま神界に入り、また、この世に出現されるようになるでしょう。

死のない天皇になるでしょう。

それには、いまのような臣民のやり方では実現しないでしょう。今のままでは、光の地球への実現は困難でしょう。

2022年4月12日

第三十六帖（七八）

⦿をそちのけにしたら、何も出来上がらんようになりたぞ。九分《くぶ》通り出来てグレンと引っ繰り返りておろがな、それへも気づかんか。一にも神、二にも神、三にも神ぞ、一にもてんし様、二にもてんし様、三にもてんし様ぞ。この道つらいようなれど貫きてくれよ、だんだんと良くなりて、こんな結構なお道かと申すようにしてあるのざから、何もかもお国にささげて自分の仕事を五倍も十倍も精出してくれよ。戦ぐらい何でもなく終わるぞ。今のやり方ではとことんに落ちてしまうぞ、⦿くどう気つけておくぞ。国々の神さま、臣民さま、改心第一ぞ。

八月三日、ひつ九のか三。

【ひふみ神示　宇宙訳】

神の存在をないがしろにすると何も出来上がらないようになっているのです。

神の国を盗りに来て欧米の世にひっくり返されているのも気がつかないのでしょうか。

一にも神、二にも神、三にも神なのです。この道辛《つら》いようなのですが、貫いていきましょう。

するとだんだんとよくなっていき、こんなに結構な道かというようなことが実現するでしょう。

何もかも、宇宙にゆだねて自分の役割使命を五倍も十倍も精出していきましょう。

戦争も何事もなく終わるでしょう。今のやり方では、とことん落ちてしまうでしょう。

私（マスタークリエイター）があなた方にしっかりとお伝えしているのです。

国々の神様臣民さま改心第一に。

２０２２年４月12日

第三十七帖（七九）

世が変わりたら天地光り人も光り草も光り、石も物ごころに歌うぞ、雨も欲しい時に降り、風も欲しい時に吹くと、雨の神、風の神様申しておられるぞ。今の世では雨風を臣民がワヤにしているぞ、降っても降れず、吹いても吹かんようになりているのがわからんか。盲、聾の世の中ぞ。神のいる場所塞《ふさ》いでおりてお蔭ないと不足申すが、わからんと申してもあまりであるぞ。

神ばかりでもならず、臣民ばかりではなおならず、臣民は神の容《い》れものと申してあろが、天《あめ》のひつくの民と申すのは、世界治める御魂《みたま》の容れもののことぞ、民草とは一人を護る容れものぞ、ひつく臣民は神がとことん試めしに試めすのざから、可哀そうなれど我慢してくれよ、その代わり御用つとめてくれたら、末代名を残して、神から御礼申すぞ。何事も神は帳面につけとめているのざから間違いないぞ、この世ばかりでないぞ、生まれ代わり死に代わり鍛えているのぞ、ひつくの臣民落ちぶれていると申してあろがな、今に上、下になるぞ、逆立ちがおん返りて、元の善き楽の姿になるのが近づいたぞ、逆立ち苦しかろがな、改心した者から楽にしてやるぞ、御用に使うぞ。八月三日、ひつ九のか三。

【ひふみ神示　宇宙訳】

今の世の中が変化すれば、空も地面も光り輝き、草木も輝き、あなた方人々も光り輝きだすでしょう。

そして、石さえも石の心のままに歌いだすでしょう。

あなた方が雨が降って欲しい時に降り、風が吹いて欲しい時に吹くようになります。

あなた方がクリエイターであることを認めることで実現していくのです。

今は、それを受け容れられない人々が多いのです。

この地球を光に導いていく人々は今後も宇宙からお試しが多いでしょう。

宇宙からのお試しは、この地球を光に導いていく役割使命を約束してきた人々の魂からの望みなのです。

お試しを繰り返していく中で、ご自分の役割使命を確信していくことでしょう。

ご自分の役割使命を確信して、実践していくことで、無限の世界と常に共鳴し、クリエイターであることの意味を理解するでしょう。

2019年3月21日

第三十八帖（八〇）

富士は晴れたり日本晴れ、これで下つ巻の終わりざから、これまでに示したこと、よく肚《はら》に入れてくれよ。⦿が真中で取り次ぎ役員いくらでもいるぞ、役員はみな神柱ぞ。国々、ところどころから訪ねて来るぞ、その神柱には御告《みつ》げの道知らしてやりてくれよ、日本の臣民みな取り次ぎぞ、役員ぞ。この方は世界中丸めて大神様にお目にかける御役、⦿の臣民は世界一つに丸めて、てんし様に献《ささ》げる御役ぞ。この方とこの方の⦿⦿《かみがみ》と、⦿の臣民一つとなりて世界丸める御役ぞ。

⦿祀りてくれたらいよいよ仕組知らせる神示書かすぞ、これからが正念場ざから、ふんどし締めてかかりてくれよ。秋立ちたら⦿烈《はげ》しくなるぞ、富士は晴れたり日本晴れ、てんし様の三四五《みよいづ》となるぞ。八月の三日、ひつくのか三。

【ひふみ神示　宇宙訳】

冨士は晴れたり日本晴れ。

宇宙と共鳴して宇宙で約束して来た役割使命を果たす人々はたくさん存在します。

役割使命を実践する人は、世界中のあちこちから訪ねてくるでしょう。その人々は、地球を光に導く人々なのです。

その人々には、私（マスタークリエイター）からの子のメッセージを伝えましょう。

その人々は、役割使命をより早く確実に果たせることでしょう。

このメッセージを伝えることができる人々は、宇宙からの使者ともいえる存在なのです。

世界を一つにまとめる役目があるのです。

それを受け容れたあなたには、次のステージとして、私（マスタークリエイター）からのメッセージを寸分の狂いもなく多くの人々へ伝える内容を告げるでしょう。

これからがいよいよ本当の正念場が開始します。

今年の秋が過ぎるころには、もっと勢いが強くなるでしょう。

冨士は晴れたり日本晴れ。

本格的な「３４５」みよいつの時代へ突入するでしょう。

2019年4月4日

第三巻　富士の巻（二二のまき）

第一帖（八一）

道はいくらもあるなれど、どの道通ってもよいと申すのは、悪のやり方ぞ、⦿の道は一つぞ、始めから⦿の世の道、変らぬ道があればよいと申しているが、どんなことしても我《われ》さえ立てばよいように申しているが、それが悪の深き腹の一厘ぞ。⦿の道は始めの道、⦿の成れる道、⦿の中の丶なる初め、丶は光の丶、⦿は世の道、このこと気のつく臣民ないなれど、一が二わかる奥の道、身魂掃除すればこのことわかるのざ、身魂磨き第一ぞ。八月十日、⦿の一二⦿。

【ひふみ神示　宇宙訳】

あなたが生きる道は、様々あるけれど、どの道を通ってもいいのです、と伝えるのは、とてもたやすいことなのです。宇宙は、自由なのですが、私（マスタークリエイター）との約束を果たすことが重要なことなのです。

それこそが、地球を光へと導くことになるのです。

どの道を生きても、自分自身を大切にして、ご自分が生きたい方向に向かうことを推奨していることこそが表向きは、光に感じるように仕向けているのです。

ご自分の生きたい道というのは、「エゴ」でのご自分ではなく、「魂が望む」ご自分の道なのです。

これこそが、似て非なる波動なのです。

あなたの魂は、私（マスタークリエイター）との約束を記憶しています。あなたの魂は、光そのモノなのです。

魂の癖を外して軽くなれば、腑に落ちるでしょう。

2019年12月26日

第二帖（八二）

甲斐の山々に立ちて、ヒレ振りて祓いてくれよ、一二⦿《ひつき》に仕えている臣民、代わる代わるこの御役つとめてくれよ。今はわかるまいなれど結構な御役ぞ。

この神示腹の中に入れておいてくれと申すに、言うこと聞く臣民少ないが、今に後悔するのがよくわかりているから、⦿はくどう気つけておくのぞ、読めば読むほど神徳あるぞ、どんなことでもわかるようにしてあるぞ、言うことときかねば一度は種だけにして、根も葉も枯らしてしもうて、次の世の大掃除せねばならんから、種のあるうちに気つけておれど、気つかねば気の毒出来るぞ。

今度の祭典《まつり》御苦労でありたぞ、神界では神々様大変の御喜びぞ、雨の神、風の神殿、ことに御喜びになりたぞ。この大掃除一応やんだと安堵《あんど》する。この時、富士鳴門がひっくり返るぞ、天の道、地の道ぞ、ひっくり返るぞ、早う改心してくれよ。八月の十一日、⦿のひつくの⦿。

【ひふみ神示　宇宙訳】

過去の人生を振り返って不必要なものは、すべて振り祓いましょう。

宇宙の法則を実践し、ヘッドリーダーとして私（マスタークリエイター）と直結している臣民は、代わる代わるこの役割を果たしていきましょう。今は、わかる人は皆無でしょうがこの神示を腑に落としましょうと伝えていますが、実践する人は皆無なことをよくわかっているので、何度もあなた方に伝えているのです。

読めば読むほどにわかるようにしているのですが、自分のエゴを優先し続けると一度は、種だけにして根も葉も枯らしてしまうまで、この世を大掃除しないといけなくなるのです。せめて、種があるうちに改心してくださると気の毒な状態を避けることができるのです。今度の地球の大転換は、宇宙の歴史的にも初めてのことであり、そこへ飛び込んでいく勇敢な魂のあなたがたは、神々の世界で称賛しているのです。

雨の神、風の神殿がことに喜んでいるのです。この大掃除が一応やんだならばとても安堵し、永遠不滅の新時代が到来することでしょう。

2022年4月12日

第三帖（八三）

メリカもキリスは更なり、ドイツもイタリもオロシヤも外国はみな一つになりて◉の国に攻め寄せて来るから、その覚悟で用意しておけよ。神界ではその戦の最中ぞ。学と神力との戦と申してあろがな、どこからどんなこと出来るか、臣民にはわかるまいがな、一寸先も見えぬほ

⦿

ど曇りておりて、それで⦿の臣民と思うているのか、畜生にも劣りているぞ。まだまだ悪くなって来るから、まだまだ落ち沈まねば本当の改心出来ん臣民沢山あるぞ。

玉とは御魂《おんたま》ぞ、鏡とは内に動く御力ぞ、剣《つるぎ》とは外に動く御力ぞ、これを三種《みくさ》の神宝《かんだから》と申すぞ。今は玉がなくなっているのぞ、鏡と剣だけぞ、それで世が治まると思うているが、肝腎《かんじん》の真中ないのざ、それでちりちりばらばらぞ。アとヤとワの世の元要るぞと申してあろがな、この道理わからんか、剣と鏡だけでは戦勝てんぞ、それで早う身魂磨いてくれと申してあるのぞ。上下《うえした》ないぞ、上下に引っ繰り返すぞ、もう⦿待たれんところまで来ているぞ、身魂磨けたらどんなところでどんなことしていても心配ないぞ、神界の都《みやこ》には悪が攻めて来ているのざぞ。

八月の十二日、⦿のひつくの⦿。

アメリカもイギリスは言うまでもなく、ドイツもイタリアもロシアも外国はみんな一つになって、神の国である日本に攻めて来るので、その覚悟で用意しておく必要があります。

神界では、そのエネルギー対エネルギーの戦いの最中なのです。

人間の知識と神の力との戦いなのです。

どこからどんなことができるのか、あなた方には知るよしもないでしょう。

一寸先も見えないほど曇っており、それでいて、神の使命を全うしようと思っているのですから、畜生にも劣っている現状なのです。まだもっと悪くなって来るので、まだまだ落ち沈み苦しみを味わうまでは、本当の改心は出来ないのでしょう。改心できない人々が多く存在しています。

あなた方に授けた三種の神器とは、曲玉とはあなた方の魂なのです。鏡とはあなた方の内に動く能力なのです。剣とは外に動く力を指します。

しかしながら、あなた方には、すでに魂がなくなって来ています。鏡と剣だけとなっているのです。それでは世は治まらないのです。肝腎の真ん中である魂がなくなっているのですから、分断されているのです。中心に位置する日照大神である光と、火の御役の精神つまり男性性の魂と、水の御役である女性性の魂の本来の力が必要なのです。

男性性つまり物質世界と女性性つまりエネルギーの世界のふたつだけでは、その戦いには勝てないのです。ですから、早く身も魂も磨いて頂きたいと伝えているのです。上下関係ではないのです。お互いに補い合う関係なのです。上下関係ではひっくり返ります。

もう本来の魂で生きぬく生き方でないと、たちゆかない所まで来ているのです。身も魂も磨けたならば、どこで何をしていても心配ないのです。

神界の都には、悪が攻めて来ているのです。

第四帖（八四）

一二三《ひふみ》の仕組が済みたら三四五《みよいづ》の仕組ぞと申してありたが、世の元の

仕組は三四五の仕組から五六七《みろく》の仕組となるのぞ、五六七の仕組とはミロクの仕組のことぞ、獣と臣民とハッキリ分かりたら、それぞれの本性出すのぞ、今度は万劫末代《まんごうまつだい》のことぞ、気の毒出来るから洗濯大切と申してあるのぞ。今度お役決まりたらそのままいつまでも続くのざから、臣民よくこの神示読みておいてくれよ。八月十三日、◉のひつくのか三。

【ひふみ神示　宇宙訳】

　一二三（ひふみ）の仕組みが済んだら、つまり、真実の宇宙の法則を実践し始めた人々が急速に増加したならば、次は、三四五（みよいつ）の仕組みへ移行すると伝えていましたが、宇宙計画の本義は、三四五の仕組みから五六七（みろく）の仕組みとなるのです。五六七の仕組みとは弥勒（みろく）の仕組みのことです。

　その人その人の本性が現れてくるのです。その人の魂というのは、魂の癖をも含む波動を指すのです。

その人の魂と魂の癖は合体し、未来永劫続くのです。

2022年は、魂の癖が最も外しやすい時となるでしょう。

この時代に私（マスタークリエイター）との約束を決めたことが未来永劫続くでしょう。

このメッセージに触れた人々は、今あなたが存在するその場で私（マスタークリエイター）との約束を再確認していく作業が開始するでしょう。

宇宙で居たときのように、今あなたの居る場所で約束が行われるのです。

第五帖（八五）

喰うものがないと申して臣民不足申しているが、まだまだ少なくなりて、一時は喰う物も飲むものもなくなるのぞ、何事も行であるから喜んで行して下されよ。滝に打たれ、蕎麦粉喰うて行者、行しているが、断食する行者もいるが、今度の行は世界の臣民みな二度とない行であるから厳しいのぞ。この行出来る人と、よう我慢出来ない人とあるぞ、この行出来ねば灰にするよりほかないのぞ、今度の御用に使う臣民はげしき行さして神うつるのぞ。今の☉の力は何も出てはおらぬのぞ。この世のことは☉と臣民と一つになりて出来ると申してあろがな、早く身魂磨いて下されよ。

外国は◯、☉の国はヽと申してあるが、ヽは☉《かみ》ざ、◯は臣民ぞ、◯ばかりでも何も出来ぬ、ヽばかりでもこの世の事は何も成就せんのぞ、それで☉かかれるように早う大洗濯してくれと申しているのぞ、☉急けるのぞ、この御用大切ぞ、☉かかれる肉体沢山要るのぞ。今度の行は◯を綺麗にする行ぞ、掃除出来た臣民から楽になるのぞ。どこにおりても掃除出来た臣民から、よき御用に使って、☉から御礼申して、末代名の残る手柄立てさすぞ。☉の臣民、掃除洗濯出来たらこの戦は勝つのぞ、今は一分もないぞ、一厘もないぞ、これで☉国の民と申し

⦿

て威張っているが、足許《あしもと》からビックリ箱があいて、四ッん這《ば》いになっても助からぬことになるのぞ、穴掘って逃げても、土もぐっていても、灰になる身魂は灰ぞ、どこにいても助ける臣民、助けるぞ。⦿が助けるのでないぞ、⦿助かるのぞ、臣民も⦿も一緒に助かるのぞ、この道理よく肚に入れてくれよ、この道理わかりたら⦿の仕組はだんだんわかりて来て、何という有り難いことかと、心がいつも春になるぞ。八月の十四日の朝、⦿のひつ九のか三。

【ひふみ神示　宇宙訳】

私（マスタークリエイター）と宇宙でこの地球を光に導くと約束してきたリーダーたちが、不平不満の波動を発信しているようですが、

今度の魂磨きの行は、二度とない行ですので、厳しいでしょう。

この行ができる人と我慢できない人が居るでしょう。

宇宙でも経験したことがないことが起ころうとしているのですから、激しい行を乗り越えることができる人にしか、光の地球へ導くヘッドリーダーの役割は、果たせないのです。

それほど難しいことなのです。

厳しい行を乗り越えた人のみが、宇宙からの真実のメッセージをキャッチできるようになるのです。

今後の光の地球へ導くヘッドリーダーの役割使命は、宇宙と人間が融合してはじめて成し遂げることができるのです。

外国は、粒、日本は波、波は宇宙と共鳴する証なのです。

海外も日本のような波動となるようにヘッドリーダー自身の不必要なエネルギーをすべて研ぎ澄まし、宇宙からのメッセージをキャッチできるような状態になっていただく必要があります。

この役割使命は、最も重要なのです。

今、光の地球へ導くヘッドリーダーとして、私（マスタークリエイター）と約束してきたと威張《いば》っているひとが存在していますが、すでに、あなたは見破っていることでしょう。

威張っている存在は、一瞬にして肉体も魂も人間の世界では、存在できなくなるでしょう。

しかしながら、厳しい行を乗り越えたヘッドリーダーたちのことは、その人たちがどこにいても、宇宙が全力でサポートするでしょう。

宇宙が助けるのではないのです。

宇宙が助かるのです。
ヘッドリーダーも宇宙も一緒に助かるのです。
この道理をしっかり肝《きも》に銘《めい》じておきましょう。
この道理がわかったら宇宙の法則もだんだん腑に落ちてくるでしょう。
何という有り難いことかと心がいつも春になるでしょう。
２０２１年10月14日

第六帖（八六）

今は善の神が善の力弱いから、善の臣民苦しんでいるが、今しばらくの辛抱ぞ、悪神総がかりで善の肉体に取りかかろうとしているから、よほどフンドシ締めておらんと負けるぞ。親や子に悪の神かかりて苦しい立場にして、悪の思う通りにする仕組立てているから気をつけてくれよ。

◉

◉の、も一つ上の◉の世の、も一つ上の◉の世の、も一つ上の◉の世は戦済んでいるぞ、三四五から五六七の世になれば、天地光りて何もかも見えすくぞ。八月のこと、八月の世界のこと、よく気つけておいてくれよ、いよいよ世が迫りて来ると、やり直し出来んと申してあろがな。いつも剣の下にいる気持ちで心引き締めておりてくれよ、臣民口で食べる物ばかりで生きているのではないぞ。八月の十五日、ひつく◉と◉のひつ九のか三しるさすぞ。

【ひふみ神示 宇宙訳】

今は、この地球上の波動が荒いので波動が荒い人々と共鳴するため、波動の荒い人が活躍しやすい世の中になっているのです。

波動が細やかな人々は、すごしにくい世の中でしょうが、今しばらくの辛抱なのです。

夜明け前が最も闇が深い様に、今は、波動が荒い存在が総がかりで波動の細かな存在の波動を荒い方向へ向けようと必死になっているのです。

あなた方の親や子供の波動を荒くしてあなた自身をも荒い波動に引き寄せる仕組みを企てているのです。

ですからそれに影響されず、あなた自身の波動を整え続けることが肝要です。今、新時代となりて、三四五（みよいつ）の世に本格的に突入しました。しかし、五六七（みろく）の世になれば天地が光り輝き何もかも全ての本質が明らかとなり、わかってくる時代となるでしょう。

２０２１年８月の世界に起こることを良く見定めておきましょう。

いよいよ、三四五の時代がピークとなるときです。その時にあなた方がどう判断して行動を起こすのかが未来を創造するのです。２０２２年は、魂を光り輝かせることに集中しましょう。

いよいよその時が迫って来ているので、やり直しが出来ないようになって来ています。

いつも剣の下にいる気持ちで心引き締めておいて下さい。

あなた方は、食べ物だけで生きるのではないのです。
2020年1月3日

第七帖（八七）

悪の世であるから悪の臣民世に出てござるぞ、善の世にグレンと引っ繰り返ると申すのは、善の臣民の世になることぞ。今は悪が栄えているのざが、この世では人間の世界が一番遅れているのざぞ、草木はそれぞれに⦿のみことのままになっているぞ。一本の大根でも一粒の米でも何でも尊くなったであろが、一筋の糸でも光出て来たであろがな、臣民が本当のつとめしたなら、どんなに尊いか、今の臣民には見当とれまいがな、神が御礼申すほどに尊い仕事出来る身魂ぞ、殊《こと》に⦿の国の臣民みな、まことの光あらわしたなら、天地が輝いて悪の身魂は目あいてはおれんことになるぞ。結構な血筋に生まれていながら、

今の姿は何事ぞ。⦿はいつまでも待てんから、いつ気の毒出来るか知れんぞ。戦恐れているが、臣民の戦くらい何が恐いのざ、それより己の心に巣喰うてる悪のみたまが恐いぞ。八月の十六日、⦿のひつ九のか三。

記：1944年8月16日

【ひふみ神示　宇宙訳】

この世の中は、とても波動が荒いので波動が荒い人々が世の中で活躍しているのです。

光の地球になる、ということは波動が細やかな人々が活躍していく世の中になるということです。

しかしながら、人間が一番遅れているのです。

草木の波動は、とても細やかでありその人間の遅れをサポートするために人々の間で活躍していくでしょう。

そのことを知れば、一本の大根でも一粒の米でも何でも貴《とうと》いと感じるようになったでしょう！

一筋の糸でも光輝いて見えてきたでしょう。

あなた方が私（マスタークリエイター）と宇宙で約束してきた役割使命を果たしたならば、どんなに尊《とうと》いことでしょう。

今のあなた方の多くは、予想もできないほど尊いのです。

その尊さは、すべての光の存在たちがあなた方に最敬礼するほどの尊い魂なのです。

あなた方全て人々が真実の光を放ち出したならば、天地が輝いて波動の荒い存在たちは、その光の眩《まぶし》さに目を開けて居られないことになるでしょう。

結構な勇敢な魂たちが、この地球に降りてきているのです。

今は、その真実に気がついた人が少ないのです。

多くの人々が戦争を恐れて居ますが恐れなければならないのは、それよりもご自分自身の心が悪によって蝕《むしば》まれ悪の魂へ変化する方が恐るべきことなのです。

2020年1月9日

第八帖（八八）

山は神ぞ、川は神ぞ、海も神ぞ、雨も神、風も神ぞ、天地みな神ぞ、草木も神ぞ、神祀れと申すのは神にまつろうことと申してあろが、神々まつり合わすことぞ、皆何もかもまつりあった姿が神の姿、⦿の心ぞ。皆まつれば何も足らんことないぞ、余ることないぞ、これが神国の姿ぞ、物足らぬ足らぬと臣民泣いているが、足らぬのでないぞ、足らぬと思うているが、余っているではないか、上《かみ》の役人どの、まず⦿祀れ、⦿祀りて⦿心となりて⦿の政治せよ、戦などは何でもなくケりつくぞ。八月十七日、⦿の一二のか三。

記：1944年8月17日

【ひふみ神示　宇宙訳】

山は神です。川は神です。海も神です。雨も神です。風も神です。天地全ては、神です。

草も木も神です。

神を祀《まつ》りましょうと言っているのは、森羅万象《しんらばんしょう》全てをあがめ大切にしましょう、ということなのです。

もちろん、あなたがた人間もその中に入っています。

その心こそが、神の心なのです。

全てを尊重すれば、十分全ての人に行きわたる豊かさがあることを知ることでしょう。

これこそが、神の国である役割なのです。

多くの人々は、それを忘れて「足りない！　足りない！」と思っているようですが、重大なことを忘れているからそのような錯覚に陥るのです。

森羅万象、人間も含め、全てを敬《うやま》う心を蘇《よみがえ》らせることが真実の世界を知ることになるのです。

真実の世界とは、光そのモノなのです。

その心で神の政治をするのです。そうすることで、戦いなど全てに於《お》いて決着がつくでしょう。

2020年1月16日

第九帖（八九）

神界は七つに分かれているぞ、天《あま》つ国三つ、地《つち》の国三つ、その間に一つ、天国が上中下の三段、地国（地獄）も上中下の三段、中界の七つぞ、その一つ一つがまた七つに分かれているのぞ、その一つがまた七つずつに分かれているぞ。

今の世は地獄の二段目ぞ、まだ一段下あるぞ、一度はそこまで下がるのぞ、今一苦労あるとくどう申してあることは、そこまで落ちることぞ、地獄の三段目まで落ちたら、もう人の住めん所ざから、悪魔と神ばかりの世にばかりなるのぞ。この世は人間にまかしているのざから、人間の心次第ぞ、しかし今の臣民のような腐った臣民ではないぞ、いつも神の憑《か》かっている臣民ぞ、神憑かりとすぐわかる神憑かりではなく、肚の底にシックリと丶鎮まっている臣民ぞ、それが人間の真の姿ぞ。

いよいよ地獄の三段目に入るから、その覚悟でいてくれよ、地獄の三段目に入ることの表は一番の天国に出づることぞ、神のまことの姿と悪の見られんさまと、ハッキリ出て来るのぞ、⦿と獣と分けると申してあるのはこのことぞ。何事も洗濯第一。八月の十八日、⦿の一二⦿。

記：1944年8月18日

神界は七つに分かれています。
天つ国が三つ地の国が三つその間に一つあります。

そして天つ国がさらに上中下の三段階あります。
地の国も上中下の三段階あります。
地の国は、あなた方がよく言っている地獄に相当するのでしょう。
そして、中界の七つになります。

そして、その一つ一つがまた、七つに分かれています。
さらに、その一つが七つずつに分かれているのです。

あなた方の住む地球は今、地獄の二段目になります。
まだ、後下に一段ありますが一度、一番下に下がるのです。
今一度、もっと苦労があると伝えているのは、そのことを指しているのです。

地獄の三段目まで落ちるともう人が住めないところになるので、悪魔と神ばかりの世になるのです。

今の世は、人間に任しているのですから人間次第なのです。

しかし、今の人々のような腐った人々に任したのではないのです。いつも宇宙と共鳴し神に近い人間に任しているのです。肚の底にしっかりと神と宇宙が鎮まっている人、それが人間の真実の姿なのです。

いよいよ、地獄の三段目に入るから、その覚悟でいてください。地獄の三段目に入ることとの最も重要なことは、一番の天国が出現していくことなのです。

なぜならば、その状況になることで、神の真の姿と悪魔のみれないほどの醜さがハッキリと出て来るからなのです。

魂を持った人間神と獣とをしっかりと分ける、とはこのことを言っているのです。

何事も洗って汚れを落とす方が第一なのです。

第十帖（九〇）

いよいよ戦烈しくなりて、喰うものもなく何もなくなり、住むところもなくなったら行く所なくなるぞ。⦿の組から除かれた臣民と⦿の臣民とどちらがえらいか、その時になりたらハッキリするぞ、その時になりてどうしたらよいかと申すことは⦿の臣民なら誰でも⦿が教えて手引っ張ってやるから、今から心配せずに⦿の御用なされよ。

◉

◉の御用と申して自分の仕事をなまけてはならんぞ。どんな所にいても◉がスッカリと助けてやるから、◉の申すようにして、今は戦しておりてくれよ。てんし様御心配なさらぬようにするのが臣民のつとめぞ。◉の臣民、九十に気つけよ、江戸に攻め来たぞ。八月の十九日、◉のひつ九の◉。

記：1944年8月19日

【ひふみ神示　宇宙訳】

急速に様々なことが激しく実現しています。とても楽しく生活していく人、そうでない人。

それは、その人が発している波動で実現しているのです。とても楽しく暮らしている人をそうでない人は、腹立たしい思いで感じるでしょう。

ご自分がその波動に惑わされないことです。後者の人々は、傲慢《ごうまん》な波動を発しているのです。そのことに気づき波動調整をすれば、楽しく生活できるようになるのです。

今からでも遅くないのです。私（マスタークリエイター）と約束した役割使命を果たすのです。

そこには、宇宙があなたを全力でサポートするでしょう。

しかしながら、私（マスタークリエイター）と約束した役割使命だと言って、ご自分自身の今の仕事をおろそかにしないことです。

どのようなステージに居たとしても宇宙があなた方を全力でサポートするでしょう。

必ずや、あなたが居るはずであるステージに存在することになるので、今は、みよいつの時代なので社会の中で輝くことに集中しましょう。

宇宙からのメッセンジャーは、言葉に気を配りましょう。

東京に波動が荒い存在たちが集まってきています。

２０２０年１月29日

第十一帖（九一）

⦿土《つち》は、白は「し」のつく、黄は「き」のつく、青赤は「あ」のつく、くろは「く」のつく山々里々から出て来るぞ、よく探して見よ、三尺下の土なればよいぞ、いくらでも要るだけ一杯出て来るぞ。八月二十日、⦿のひつ九のか三。

記：１９４４年8月20日

【ひふみ神示　宇宙訳】

あなた方が住んでいる地球と宇宙が共鳴したエネルギーをもった土が存在しています。

それを持っているとその人の魂が望む方向へ自然と流されていき、役割使命を果たすことになるでしょう。

その土は、「白」「黄」「青」「赤」「黒」の色があり、白は「し」のつく、黄は「き」がつく、青赤は「あ」がつく黒は「く」のつく山々や人が集まっているところから出てくるでしょう。一メートルほど下を掘った場所から出てくるでしょう。

必要な量が出てくるでしょう。

２０２０年2月13日

第十二帖（九二）

御土は⦿の肉体ぞ。臣民の肉体もお土から出来ているのぞ、このことわかりたら、お土の尊いことよくわかるであろうがな。おヒナは女《おみな》ぞ。甲斐の仕組ご苦労であったぞ。これからいよいよ厳しくなるぞ、よく世の中の動き見ればわかるであろうが、汚れた臣民上がれぬ⦿の国に上がっているではないか。いよいよとなりたら⦿が臣民にうつりて手柄さすなれど、今では軽石のような臣民ばかりで神かかれんぞ。早う神

⦿

の申すことよく聞いて、生まれ赤子の心になりて、⦿の容れものになりてくれよ。一人改心すれば千人助かるぞ、今度は千人力与えるぞ、何もかも悪の仕組はわかりているぞ、いくらでも攻めて来てござれ、⦿には世の元からの⦿の仕組してあるぞ、学や知恵でまだ⦿にかなうと思うてか、⦿にはかなわんぞ。八月の二十一日、⦿のひつ九のか三。

タイチご苦労でありたぞよ。

記：１９４４年8月21日

【ひふみ神示　宇宙訳】

地球という惑星は、宇宙とも共鳴しているのです。

あなた方の肉体は、宇宙と地球との関係性である地球の立場ともいえるのです。

そのように表現すれば、地球もあなた方の肉体も共に重要であることがわかるでしょう。

魂から発していることとは逆の方向を向いている、つまり、役割使命ではないことをただただご自分のエゴのパワーで実行している人が、さも神聖であるかのような立場に立っているのです。

いよいよ、新時代が本格的になったのであれば、宇宙がその立場に立っているべき人に立たせるのですが、現在の多くの一見活躍している人々は、宇宙とは共鳴していない人が殆《ほとん》どなのです。

宇宙と共鳴し、私（マスタークリエイター）との約束した役割使命を思い出し、生まれる時の澄んだ気持ちで光の筒になることを宇宙は、望んでいるでしょう。

あなたが一人、気づくことで千人の人が助かるでしょう。

エゴの仕組みは、判明しているのです。その仕組みを真の宇宙の法則へと変化させていきましょう。

宇宙は、真の宇宙の法則で動いているのです。

知識や人間の知恵では、宇宙の叡智《えいち》にはかなわないのです。

宇宙と共鳴しましょう。そして、真の宇宙の法則を実践する人を増やしましょう。

2020年2月19日

第十三帖（九三）

何もかもてんし様のものではないか、それなのにこれは自分の家ぞ、これは自分の土地ぞと申して自分勝手にしているのが⦿の気に入らんぞ、一度は天地に引き上げと知らしてありたこと忘れてはならんぞ、一本の草でも⦿のものぞ。野から生れたもの、山から採れたもの、海の幸も、みな⦿に供えてから臣民戴けと申してあるわけも、それでわかるであろうがな。

この神示《ふで》よく読みてさえおれば病気もなくなるぞ、そう言えば今の臣民、そんな馬鹿あるかと申すが、よく察して見よ、必ず病も治るぞ、それは病人《やみびと》の心が綺麗になるからぞ、洗濯せよ掃除せよと申せば臣民何もわからんから、あわてているが、この神示読むことが洗濯や掃除の始めで終わりであるぞ、⦿は無理は言わんぞ、神の道は無理してないぞ、よくこの神示読んでくれよ。読めば読むほど身魂磨かれるぞ、と申しても、仕事をよそにしてはならんぞ。臣民と申すものは馬鹿正直ざから、神示読めと申せば、神示ばかり読んだならよいように思うているが、裏も表もあるのぞ。役員よく知らしてやれよ。八月の二十二日、⦿のひつ九のか三のお告げ。

【ひふみ神示　宇宙訳】

この地球上のモノは、すべて宇宙のモノなのです。しかしながら、これは、自分の家だ、これは、自分の土地だと自分勝手に争いの波動を発信しているのです。

一本の草でも宇宙のモノなのです。野から生まれたもの、山からとれたもの、海の幸もすべて神に供えてから臣民がいただくように伝えているのが理解できると思います。

このひふみ神示をよくよく読み込むことで病気さえも改善するでしょう。それは、病人の心が綺麗になるから改善するのです。

邪念邪心を洗濯、掃除するように伝えると臣民は、何もわからないからと、慌てていますがこの神示を読むことが洗濯や掃除のはじめと終わりでもあるのです。

宇宙の流れは、無理な流れではないのです。この神示を読めば読むほどに身も魂も磨かれるのです。しかし、自分の行動実践することは、おろそかにしてはなりません。

臣民は、馬鹿正直だから神示よめと伝えると、神示ばかり読んだらよいようにとらえてしまうのです。裏も表もあるのです。役員よく知らせてやってください。

2022年4月12日

第十四帖（九四）

臣民にわかるように言うなれば、身も心も⦿のものざから、毎日毎日神から頂いたものと思えばよいのであるぞ、それでその身体《からだ》をどんなにしたらよいかということわかるであろうが、夜になれば眠った時は⦿にお返ししているのざと思え、それでよくわかるであろうが。身魂磨くと申すことは、⦿の入れものとして⦿からお預かりしている、⦿の最も尊いとこととしてお扱いすることぞ。八月二十三日、⦿の一二のか三。

記：１９４４年８月23日

【ひふみ神示　宇宙訳】

日本の人々にわかるようにご説明しましょう。あなた方の肉体や魂は、宇宙から誕生したのです。

毎日毎日、肉体や魂は、「宇宙からのギフト」なのだと思えば、それぞれの肉体とどう接すればよいのかがわかるでしょう。

夜になって眠っている時は、宇宙にお返ししていると思えばわかりやすいでしょう。

肉体も魂も磨くということは、宇宙の使者である肉体を私（マスタークリエイター）から預かっている「光そのものの肉体と魂」という想いで最も尊い存在なのだとして扱うことが大切でしょう。

2020年2月19日

第十五帖（九五）
嵐の中の捨小船《すておぶね》ぞ、どこへ行くやら行かすやら、船頭さんにもわかるまい、メリカ、キリスは花道で、味方と思うた国々も、一つになりて攻めて来る、梶《かじ》も櫂《かい》さえ折れた舟、どうすることもなくなくに、苦しい時の⦿頼み、それでは神も手が出せぬ、腐りたものは腐らして、肥やしになりと思えども、肥やしにさえもならぬもの、沢山出来ておろうがな、北から攻めて来る時が、この世の終わり始めなり、天にお日様一つでないぞ、二つ三つ四つ出て来たら、この世の終わりと思えかし、この世の終わりは⦿国の、始めと思え臣民よ、⦿⦿《かみがみ》様にも知らすぞよ、神はいつでもかかれるぞ、人の用意を急ぐぞよ。八月二十四日、⦿の一二か三。

記：１９４４年8月24日

【ひふみ神示　宇宙訳】

今、あなた方のみに起こっていることは、まるで嵐の中で捨てられた小舟のように感じているでしょう。

どこへ行くのか？　どこへ活かすのか？　船頭さんにもわからなくなってい

る現状でしょう。

アメリカやイギリスは、さまざまな対応が進んでおり手際よく感じているかもしれません。

さまざまな現象が押し寄せてきて、どうにもならないことになった時に、ようやく、見えない力つまり、真の宇宙の法則に気づいても、もうどうにもならないことになっていたりします。

食べ物でも腐ったものは、土の肥料になり得ますが、肥料にもならないものもたくさん出てきています。

北海道から崩れてきたトキが、この世の終わり、つまり、古い世が終わりを告げる合図なのです。

そして、始まりなのです。

天から降り注ぐ光の根源は、何も一つからではありません。二つ三つ四つ出てきたならば、この世の終わり、つまり、いよいよ古き世の終わりなのです。

この世の終わりは、「弥勒《みろく》の世」の始まりなのです。

その変化がいよいよ開始しました。真の宇宙の法則を伝える役割使命をもって降りてきた人々よ！

もうおわかりですね！　あなた方の波動は、光の存在たちにも伝わるでしょう。

宇宙の準備は整っているのです。あなた方の役割使命を開始しましょう。

２０２０年３月12日

第十六帖（九六）

一二三《ひふみ》は⦿食、三四五《みよいづ》は人《ひと》食、五六七《みろく》は動物食、七八九《なやこ》は草《くさ》食ぞ、九《こ》十《と》は元に一二三食、神国弥栄ぞよ。人、三四五食に病ないぞ。八月二十四日、一二⦿ふみ。
記：１９４４年８月24日

⦿

【ひふみ神示　宇宙訳】

次の弥勒の世は、動物たちと共にその次は、草木と共に光の地球となるでしょう。

次のひふみの世は、宇宙と共鳴して存在することになるでしょう。

あなた方人間が、新時代みよいつの世に役割使命を果たしている人には、病などはないでしょう。

第十七帖（九七）

九十《こと》が大切ぞと知らしてあろがな、戦ばかりでないぞ、何もかも臣民では見当とれんことになりて来るから、上《うえ》の臣民九十に気つけてくれよ、お上《かみ》に⦿祀りてくれよ、⦿にまつろうてくれよ、⦿くどう申しておくぞ、早う祀らねば間に合わんのざぞ、⦿の国の山々にはみな⦿祀れ、川々にみな⦿祀れ、野にも祀れ、臣民の家々にも落つる隈《くま》なく神祀れ、まつりまつりてミロクの世となるのぞ。臣民の身も神の宮となりて神まつれ、祀りの仕方知らしてあろう、⦿は急《せ》けるぞ。八月二十五日、⦿のひつ九⦿。

記：１９４４年８月25日

【ひふみ神示　宇宙訳】

真実がとても重要なのです。世の中が崩壊し新しい社会となる原因は、戦争とはかぎりません。

宇宙と共鳴していない人は、どちらへ向かって行けばよいのかわからないことが起こるでしょう。

宇宙と共鳴している人が真実を見極めて、判断し行動することが最も大切なのです。

そして、あなた方が自分自身の魂に従って方向をきめていくことが重要なのです。

あなたの魂とコミュニケーションをとることに意識を集中することです。

日本の山々や全ての川、そして自然界全てに敬意を表することです。

あなた方の家の隅々に光を降ろすのです。

宇宙と共鳴して、あなた方の魂が求める方向へ行動することで、必ずや弥勒の世となるでしょう。

あなた方の肉体も光が宿る器として、敬意を払うのです。全てに感謝をして進んでいくのです。

2020年3月19日

第十八帖（九八）

神々様みなお揃《そろ》いなされて、雨の神、風の神、地震の神、岩の神、荒《あれ》の神、五柱《いつはしら》七《なな》柱、八《はち》柱、十《と》柱の神々様がチャンとお心合わしなされて、今度の仕組の御《おん》役決まりてそれぞれに働きなされることになりたよき日ぞ。辛酉《かのととり》はよき日と知らしてあろがな。

これから一日一日烈《はげ》しくなるぞ、臣民心得ておいてくれよ。物持たぬ人、物持てる人より強くなるぞ、泥棒が多くなれば泥棒が正しいということになるぞ、理屈は悪魔と知らしてあろが、保持《うけもち》の神様ひどくお怒りぞ、臣民の食い物、足りるように作らしてあるに、足らぬと申しているが、足らぬことないぞ、足らぬのはやり方悪いのざぞ、食いて生くべきもので人殺すとは何事ぞ。それぞれの神様にまつわれば、それぞれのこと、何でもかなうのぞ、⦿にまつわらずに、臣民の学や知恵が何になるのか、底知れているでないか。

戦《いくさ》には戦の神あるぞ、お水に泣くことあるぞ、保持の⦿様御怒りなされているから、早う心入れ替えてよ、この⦿様お怒りになれば、臣民日干《ひぼ》しになるぞ。八月の辛酉の日、ひつくのか三さとすぞ。

記：１９４４年８月25日

【ひふみ神示　宇宙訳】

光の存在たちのそれぞれの地球上での役割使命が決定しました。雨の神・風の神・地震の神・岩の神・荒の神・五柱七柱・八柱・十柱の神々が心を合わせて、今度の仕組みを大きく変える役割が決まったのです。

２０２０年３月19日の善《よ》き日に決定しました。これから一日一日の変化が激しくなるでしょう。

これからの時代には、物質欲という不必要なエネルギーを持っていない人が生きやすくなるでしょう。

今の世の中では、多数が正しい様に動いていますがその道理で地球が動くならば、泥棒が多くなると泥棒が正しいということになります。

そのような理屈は、とても波動が荒いのです。

地球も宇宙の一部です。宇宙は、全ての人に行きわたる豊かさがあります。

その豊かさでは、足りない、という不安から奪い合う、競争しあう波動が出てくるのです。

あなた方人間が生きて行くために存在している「生き物」があります。

その「生き物」を理由に争い、人間の生命が脅《おびや》かされるというのは、宇宙の法則からすると真逆な方向のエネルギーなのです。

宇宙の叡智は、無限です。あなた方の思考・学問・知恵には、限界があります。

宇宙と共鳴し、地球と共鳴し、自分軸をしっかりするトキなのです。

その自分軸を「エゴ」と見分けていくことが大切でしょう。「エゴ」を私（マスタークリエイター）と約束した役割使命と勘違いしないことです。

2020年3月26日

第十九帖（九九）
神世のひみつと知らしてあるが、いよいよとなりたら地震、雷ばかりでないぞ、臣民アフンとして、これは何としたことぞと、口あいたま

⦿

まどうすることも出来んことになるのぞ、四《よ》ツン這《ば》いになりて着る物もなく、獣となりて這い廻る人と、空飛ぶような人と、二つにハッキリ分かりて来るぞ。

獣は獣の性来《しょうらい》いよいよ出すのぞ、火と水の災難がどんなに恐ろしいか、今度は大なり小なり知らさなならんことになりたぞ。一時は天も地も一つにまぜまぜにするのざから、人一人も生きてはおられんのざぞ、それが済んでから、身魂磨けた臣民ばかり、⦿が拾い上げてミロクの世の臣民とするのぞ、どこへ逃げても逃げ所ないと申してあろがな、高い所から水流れるように時に従いておれよ、いざという時には神が知らして、一時は天界へ釣り上げる臣民もあるのざぞ。人間の戦や獣の喧嘩くらいでは何も出来んぞ、くどう気つけておくぞ、何よりも改心が第一ぞ。八月の二十六日、⦿のひつくのか三。

記：１９４４年８月26日

【ひふみ神示 宇宙訳】

新時代には、とても重要な内容を伝えていっていますが、地球上の波動がとても荒い状態になったという開始の合図は、まず、地震や台風などの天変地異が起こってくるでしょう。

そして、次には、人々が太刀打《たちう》ちできない「波動」というものに直面してくるでしょう。

その時に、その現状のとらえ方では、獣のような波動となる人も現れるでしょう。

一方、宇宙と共鳴し、世の中をクリエイトしていく人が現れるでしょう。

その人自身の本来の波動が明らかになっていくでしょう。

宇宙に委《ゆだ》ねて生きる人の「生き方」は、自分でどうにかしようとしないことでしょう。

高いところから水が流れるようにトキの流れに従って生きていると、やがて、宇宙のサポートにより光の方向へ導かれることでしょう。

⦿

波動が最も重要なのです。今、ご自分の波動を整えて、不必要なエネルギーを手放し生きる時なのです。

2020年3月26日

第二十帖（一〇〇）

今のうちに草木の根や葉を日に干して貯えておけよ、保持の⦿様御怒りざから、今年は五分くらいしか食べ物とれんから、そのつもりで用意しておいてくれよ。神は気《け》もない時から知らしておくから、この神示よく読んでおれよ。ひと握りの米に泣くことあると知らしてあろがな、米ばかりでないぞ、何もかも、臣民もなくなるところまで行かねばならんのぞ、臣民ばかりでないぞ、⦿⦿《かみがみ》様さえ今度は無くなる方あるぞ。臣民というものは目の先ばかりより見えんから、呑気《のんき》なものであるが、いざとなりての改心は間に合わんから、くどう気つけてあるのぞ。日本ばかりでないぞ、世界中はおろか三千世界の大洗濯と申してあろうがな、⦿にすがりて⦿の申す通りにするよりほかには道ないぞ、それで⦿⦿様《かみがみ》を祀りて、上の御方からも下々からも、朝に夕に言《こと》霊《たま》がこの国に満つようになりたら神の力現わすのぞ。江戸にまず⦿まつれと、くどう申してあることよくわかるであろうがな。八月の二十七日、⦿のひつ九のか三。

記：1944年8月27日

【ひふみ神示　宇宙訳】

今、起こっている現象は、地球はおろか全宇宙に関係し、大浄化現象ともいえるでしょう。

目先のことに気を奪われることなく、ご自分の魂に従って生きるのです。

現象の各々《おのおの》の感じ方で、今のご自分の生きざまが顕在化していることでしょう。

あなたは、今、どの世界に生きているでしょう？

物質界では、同じ環境下にみえているようですが、各々の生きている世界、つまりステージは違っているのです。

ご自分の魂は、何を欲しているのか？

あなたの判断基準が、私（マスタークリエイター）と約束したことに集中しているかどうか？

今のあなたをみればわかるのです。

東京に、先《ま》ず光の世界を創造することが重要なのです。

２０２０年４月９日

第二十一帖（一〇一）

⦿の申すこと何でも素直に聞くようになれば、⦿は何でも知らしてやるぞ。配給のことでも統制のことも、わけなく出来るのぞ、臣民みな喜ぶように出来るのぞ、何もかも⦿に供えてからと申してあろがな、山にも川にも野にも里にも家にも、それぞれに⦿祀れと申してあろがな、ここの道理よくわからんか。⦿は知らしてやりたいなれど、今では猫に小判ぞ、臣民⦿にすがれば、⦿にまつわれば、その日からよくなると申してあろが、何も難しいことでないぞ、⦿は無理言わんぞ、この神示読めばわかるようにしてあるのざから、役員早う知らして、縁ある臣民から知らしてくれよ。

印刷出来んと申せば何もしないでおるが、印刷せんでも知らすこと出来るぞ、よく考えて見よ、今の臣民、学に囚《とら》えられていると、まだまだ苦しいこと出来るぞ、理屈ではますますわからんようになるぞ、早う神まつれよ、上も下も、上下揃ってまつりてくれよ、てんし様を拝めよ、てんし様にまつわれよ、その心が大和魂ぞ、益人《ますひと》の益心《ますこころ》ぞ、ますとは弥栄《いやさか》のことぞ、神の御心ぞ、臣民の御心も⦿の御心と同じことになって来るぞ、世界中一度に唸《うな》る時が近づいて来たぞよ。八月の二十八日、⦿のひつ九のか三ふで。

記：1944年8月28日

【ひふみ神示　宇宙訳】

ひふみ神示で伝えていることを何でも素直に実行するようになれば、ひふみ神示から何でも知らせてあげましょう。宇宙の豊かさを分け与えることも、地球を光に導くことも容易にできるのです。人々がみんな喜ぶように出来るのです。何もかも、ひふみ神示を実践してからと伝えているのです。

山にも川にも野にも里にも家にも、それぞれに感謝の魂を祀りましょう。全ての物に魂が存在し、それを敬う心が大切なのです。あなた方が目に見えないエネルギーを感じ、敬い、感謝して行けば、その日からよくなるのです。何も難しいことではないのです。

この神示を広め実践する役割のある人は、多くの人々に伝えて行きましょう。日々の日常生活を見直して行けばよいのです。

「日月神示」は印刷してはいけませんが、印刷をしなくても知らせることはできたはずです。

今の人々が知識に囚われていると、まだまだ苦しいことが起こるでしょう。

理屈では、ますますわからないことになることでしょう。

早く神をまつるのです。天照大神を拝み祀るのです。

その心が大和魂なのです。豊かな人の豊かな心なのです。神の心なのです。

人々の心も神の心と同じになって行くでしょう。世界中一度に唸る時が近づいて来たのです。

第二十二帖（一〇二）

まつりまつりと、くどう申して知らしてあるが、まつり合わしさえすれば、何もかも、嬉し嬉しと栄える仕組ぞ、悪も善もないのぞ、まつれば悪も善ぞ、まつらねば善もないのぞ、この道理わかりたか、まつりと申して⦿ばかり拝んでいるようでは何もわからんぞ。そんな我れ

⦿

善《よ》しでは⦿の臣民とは申せんぞ、早うまつりてくれと申すこと、よく聞き分けてくれよ。我《われ》が我がと思うているのはまつりていぬ証拠ぞ、鼻高となればポキンと折れると申してある道理よくわかろうがな、この御道は鼻高と取り違いが一番邪魔になるのぞ、と申すのは、慢心と取りちがいはまつりの邪魔になるからぞ。ここまで分けて申さばよくわかるであろう、何事もまつりが第一ぞ。八月の二十九日、⦿の一二⦿。

記：1944年8月29日

【ひふみ神示　宇宙訳】

あなた方の魂と共鳴し、魂と意識を合わせていくことで、何もかもが栄える豊かになる仕組みなのです。

魂には、あなた方が思うような、悪しき光や正しい光のようなものはないのです。

地球にエゴで存在しているあなただと感じていても、魂と共鳴することで、あなたらしく光り輝くのです。

形式にとらわれた祭典に意識をむけるのではなく、ご自分の魂に意識を集中して行く時なのです。

形式にとらわれている状態というのは、「自分が自分が」とご自分のエゴの波動に共鳴している証拠なのです。

魂と共鳴し、実践している中で、自分自身の力で上手くいってる、と思った瞬間、その波動は宇宙からの視点では、とても荒い波動であるため、ご自分の魂の行く末を遮《さえぎ》ってしまうのです。

慢心と取違い、似て非なるもの、と真実を見極めていくことがとても重要になるのです。

何事も、真実の道理がとても重要なのです。

２０２０年４月16日

◉

第二十三帖（一〇三）

世界は一つになったぞ、一つになって◉の国に攻め寄せて来ると申してあることが出て来たぞ。人民にはまだわかるまいなれど、今にわかりて来るぞ、くどう気つけておいたことのいよいよが来たぞ、覚悟はよいか、臣民一人一人の心も同じになりておろがな。

学と◉の力との大戦《おおたたかい》ぞ、◉国の◉の力あらわす時が近うなりたぞ。今あらわすと、助かる臣民ほとんどないから、◉は待てるだけ待ちているのぞ、臣民もかわいいが、元を潰すことならんから、いよいよとなりたらどんなことありても、ここまで知らしてあるのざから、◉に手落ちあるまいがな。いよいよとなれば、わかっていることなれば、なぜ知らし（さ）ぬのぞと申すが、今では何馬鹿なと申して取り上げぬことよくわかっているぞ。因縁の身魂にはよくわかるぞ、この神示読めば身魂の因縁よくわかるぞ、◉の御用する身魂は◉が選りぬいて

引っ張りておるぞ、遅し早しはあるなれど、いずれはどうしても、逃げてもイヤでも御用さすようになりておるのぞ。

北に気をつけよ、東も西も南もどうするつもりか、⦿だけの力では臣民に気の毒出来るのぞ、⦿と人との和のはたらきこそ⦿喜ぶのぞ、早う身魂磨けと申すことも、悪い心洗濯せよと申すこともわかるであろう。八月の三十日、⦿の一二か三。

記：1944年8月30日

【ひふみ神示　宇宙訳】

宇宙では、すでに世界は一つになったのです。一つになるためのプロセスが開始されました。

それは、地球上では、一見ネガティブな出来事が続くように感じるでしょうが、この宇宙を信じ、あなたの魂が示すとおりに生きる生き方をしている人には、明るい未来が待っているでしょう。

しかしながら、地球の法則、つまり、戦略やマーケティングなどの人間の頭脳に依存した法則から脱していない人には、宇宙がその人が宇宙の法則で生きる生き方へ移行するように動くでしょう。

その人にとっては、強制的だと感じるかもしれませんが、今、地球が大きく変化しようとしているのです。

あなた方人間は、地球に選ばれし存在なのです。

あなた方全ての人々が活き活きと楽しく暮らせる新しい地球への移行期なのです。

現実と行く方向の差が激しいほど、ダメージを感じる人のダメージも大きくなるでしょう。

しかしながら、新しい仕組みができると全ての人々が活き活きと感謝しあいながら生きる地球へとなるでしょう。

今、大きく変化するとき、崩壊があってこそ新しいものが築き上げられるのです。

私（マスタークリエイター）と約束した人々がその約束を実践していくように導くでしょう。

ご自分を信じ切り、宇宙に委ねている人ほど、楽しく、そして、急速にその流れに流されてその人の生活が豊かになっていくでしょう。

その未来を信じ未来に波動を合わせましょう。

そして、決断のトキなのです。

２０２０年４月23日

第二十四帖（一〇四）

富士を目ざして攻め寄する、大船小船、天《あめ》の船、赤鬼青鬼黒鬼や、大蛇《おろち》、悪狐《あくこ》を先陣に、寄せ来る敵は空蔽《おお》い、海を埋《うず》めてたちまちに、天日《てんじつ》暗くなりにけり、折しもあれや日の国に、一つの光現われぬ、これこそ救いの大神と、救い求むる人々の、目に映れるは何事ぞ、攻め来る敵の大将の、大き光と呼応して、一度にドッと雨ふらす、火の雨何ぞたまるべき、まことの⦿はなきものか、これはたまらぬともかくも、生命《いのち》あっての物種《ものだね》と、兜を脱がんとするものの、次から次にあらわれぬ、折しもあれや時ならぬ、大風起こり雨来たり、大海原には竜巻や、やがて火の雨地震《つちふる》い、山は火を吹きどよめきて、さしもの敵も悉《ことごと》く、この世の外《ほか》にと失《う》せにけり、風やみ雨も収まりて、山川鎮まり国土《くにつち》の、ところどころに白衣《しろぎぬ》の、⦿の息吹に甦る、御民《みたみ》の顔の白き色、岩戸ひらけぬしみじみと、大空仰ぎ⦿を拝み、地に跪《ひざまず》き御民らの、目にすがすがし富士の山、富士は晴れたり日本晴れ、富士は晴れたり岩戸あけたり。八月の三十日、⦿の一二の⦿。

記：1944年8月30日

【ひふみ神示 宇宙訳】

大和魂を目指して、それに敵対する様々なエネルギーが押し寄せてくるときなのです。

その敵対するエネルギーは、あなた方がそれぞれ生み出したものなのです。あなた方の中に存在する「恐怖」「不安」「嫉妬」「執着」「怒り」「疑う心」一番の敵対するエネルギーは、あなたの中に存在しているのです。

あなた方の外側で起こっている様々な事柄は、あなたの中に存在する不必要なエネルギーを浮き彫りにさせ、昇華させる目的で起こっていることなのです。

そのことに気づくことで、あなたの自分軸が強固となり、魂が何を欲しているのか？　わかるようになります。その瞬間にあなたの目の前には清々しい本来のあなたが存在していることでしょう。冨士は晴れたり岩戸あけたり。

２０２０年４月30日

第二十五帖（一〇五）

世界中の臣民はみなこの方の臣民であるから、ことに可愛い子には旅

⦿

させねばならぬから、どんなことあっても⦿の子ざから、⦿疑わぬようになされよ、⦿疑うと気の毒出来るぞ。いよいよとなりたら、どこの国の臣民ということないぞ、大⦿《おおかみ》様の掟《おきて》通りにせねばならんから、可愛い子ぢゃとて容赦《ようしゃ》出来んから、気つけているのざぞ、大難を小難にまつり変えたいと思えども、今のやり方はまるで逆様ざから、どうにもならんから、いつ気の毒出来ても知らんぞよ。

外国から早くわかりて、外国にこの方祀ると申す臣民、沢山出来るようになって来るぞ。それでは⦿の国の臣民申し訳ないであろがな、山にも川にも海にもまつれと申してあるのは、⦿の国の山川ばかりでないぞ、この方世界の⦿ぞと申してあろがな。裸になりた人から、その時から善の方にまわしてやると申してあるが、裸にならねば、なるようにして見せるぞ、いよいよとなりたら苦しいから、今の内と申してあるのぞ。すべてをてんし様に捧げよと申すこと、日本の臣民ばかりでないぞ、世界中の臣民みなてんし様に捧げなならんのざぞ。八月の三十日、㊉のひつ九のか三。
記：1944年8月30日

【ひふみ神示　宇宙訳】

世界中の人々は、全て私（マスタークリエイター）の分身であり、子供であるのです。

あなた方が発した波動に見合ったことが地球上で起こることになっているのです。ご自分たちの肉体に付いている感情によって、周波数が変化しています。その変化によっても地球上で起こることが変化しますが、決して宇宙を疑わないことです。

宇宙を疑うことは、ご自分を疑うこととなり、自己価値が低くなることは、幸せから遠のくことに繋《つな》がるのです。

いよいよとなったら、世界中の人々が協力しあうことが必要でしょう。

大難を小難に変えたいのであれば、「宇宙の法則」に則《のっと》ってあなた方の「生き方」を見直す必要があるのです。

このままでは、「宇宙の法則」に則って「生き方」ヲ見直す必要があることを海外の人々が気づき、海外の人々から実践していることになるでしょう。

それでは、あなた方が日本に生まれ、大和魂を伝えていく、という私（マスタークリエイター）と約束したことが達成できなくなるでしょう。

「宇宙の法則」で生きることを伝えるのは、世界中に伝える必要があるのです。

あなた方から伝えていく必要があるのです。

あなた方がまず、ご自分の「エゴ」を手放し「全てを宇宙に委ねる」生き方が必要なのです。

「エゴ」を手放した人々から「光」が強くなっていくのです。

「エゴ」に執着をしていると強引に「エゴ」を光へ変化させなければならない流れが来ることでしょう。

そうなれば、あなた方の意思とは関係なく、そうなるので、「辛《つら》い」「苦しい」と感じる人も出てくるでしょう。

強引に起こすのではなく、今のうちに気づいて手放すことが最も重要になることでしょう。

宇宙に委ねる生き方は、日本人のみならず、世界中の人々に必要なことなのです。

2020年5月7日

第二十六帖（一〇六）

戦は一度おさまるように見えるが、その時が一番気つけねばならぬ時ぞ、向こうの悪神は、今度は⦿の元の⦿を根こそぎに無きものにしてしまう計画であるから、そのつもりでフンドシ締めてくれよ、誰も知れんように悪の仕組してあること、⦿にはよくわかりているから心配ないなれど、臣民助けたいから、⦿はじっと堪《こら》えに堪えているのざぞ、八月の三十日、⦿のひつ九の⦿。

〇

記：1944年8月30日

【ひふみ神示　宇宙訳】

この地球を支配コントロールしようとしている人々の活動が一度治まるように見えていますが、そのトキのみなさんの波動や行動がとても重要なのです。宇宙を共鳴し、この地球を光の導こうとしている人々の活動を止めようとするエネルギーが存在しています。

さも善意の行動であるかのように新しいシステムが導入されて行くでしょう。あなた方は、その真実の目的をもわかったうえ波動を整え、行動することが求められています。

その行動とは、あなた自身の魂と共鳴し、ただただ、光の活動をすることでしょう。

それは、宇宙を信じ、自らの能力を信じ、光の活動、すなわち、魂が悦ぶこと、楽しむことに集中するのです。

そのあなた方に宇宙はサポートしないわけがありません。
2020年5月14日

第二十七帖（一〇七）

◉の堪忍袋切れるぞよ、臣民の思うようにやれるなら、やりてみよれ、九分九厘でグレンと引っ繰り返ると申してあるが、これからはその場で引っ繰り返るようになるぞ。誰もよう行かん、臣民の知れんところに何しているのぞ、◉には何もかもわかりているのざと申してあろがな、早く兜脱いで◉にまつわりて来いよ、改心すれば助けてやるぞ、鬼の目にも涙ぞ、まして◉の目にはどんな涙もあるのざぞ、どんな悪人も助けてやるぞ、どんな善人も助けてやるぞ。

江戸と申すのは東京ばかりではないぞ、今のような都会みな穢土《えど》であるぞ。エドはどうしても火の海ぞ。それよりほかやり方ないと◉◉《かみがみ》様

⦿

申しておられるぞよ。秋ふけて草木枯れても根は残るなれど、人民枯れて根の残らぬようなことになりても知らんぞよ、神のこのふみ、早う知らしてやってくれよ。八と十八と五月と九月と十月に気つけてくれよ。

これでこの方の神示の終わりぞ。この神示は『富士の巻』として一つにまとめておいて下されよ、今に宝となるのざぞ。八月の三十日、⦿のひつ九⦿。

記：1944年8月30日

【ひふみ神示　宇宙訳】

宇宙に委ねる生き方をしている人々は、瞬間瞬間でステージが一気に変化するでしょう。

あなた方が発する波動は、瞬間的に、宇宙と共鳴しているのですが、地球でその波動が実現するのには今までタイムラグがありました。

しかしながら、新時代到来と共に、宇宙の法則で生きている人々は、瞬時にステージが進み、宇宙で実現したことがほぼ同時に地球で実現するでしょう。

そして、今までのその方の「生き方」であったり、その方が発してきた過去の波動とは関係なく、今、この瞬間が実現するでしょう。あなた方が「悪人」と呼んでいる人も「善人」と呼んでいる人も全ての人が光の地球へ移行するのです。

それは、今この瞬間の波動がとても重要なのです。このことを多くの人々に伝え広げていってください。

8日と18日、そして、5月9月10月がとても重要となることでしょう。

ここでお伝えしたメッセージは、あなた方が生きて行くうえでとても重要なものとなるでしょう。

この内容のメッセージは、ここで終了いたします。

2020年5月21日

⦿

第五巻　地つ巻（九二つまき）

「地つ巻」では、言波のこと、日本が世界の雛形だということや神の肉体について、時の神様について示してあります。

第一帖（一三八）

書き知らすぞ。世界は一つのミコトとなるのぞ、それぞれの言の葉はあれど、ミコトは一つとなるのであるぞ。てんし様のミコトに従うのざぞ、ミコトの世近づいて来たぞ。九月十五日、一二⦿。

あなた方は、「言葉の波動」について感じることが必要でしょう。世界は、ひとつの真実の言葉を必要としているのです。それぞれの国での使用する言葉はありますが、真実の言葉は、ひとつなのです。

宇宙と共鳴する真実の言葉の波動がとても重要なのです。

あなた方の魂は全ての真実を知っています。光の地球とは、あなた方の魂の喜ぶ地球なのです。その世が近づいてきたのです。

第二帖（一三九）

今は闇の世であるから夜の明けたこと申しても、誰にもわからんなれど、夜が明けたらなるほどそうでありたかとビックリするなれど、それでは間に合わんのざぞ、それまでに心改めておいて下されよ、この道信ずれば、すぐ良くなると思うている臣民もあるなれど、それは己の心のままぞ、道に外れたものは誰《だ》れ彼《か》れはないのざぞ、これまでのやり方スクリと変えねば、世は治まらんぞと申してあるが、上《うえ》の人苦しくなるぞ、途中の人も苦しくなるぞ、おまわりの言うこと聞かんようになるぞ。九月の十六日、ひつ九のか三。

【ひふみ神示　宇宙訳】

光の地球を夜明けと表現するならば、今現在は、夜明け前の闇の世なのです。光の地球になるとどのような感じなのかは、多くの人々はイメージが難しいでしょう。

光の地球になった時に初めて、気が付き驚くことになるのですが、それまでにご自分自身の波動調整や自分軸の確立をシッカリしておきましょう。

不必要なエネルギーをすっきりしておくことが肝要なのです。

宇宙の法則を信じれば、すぐによくなると思っている人々がいますが、それは、その人自身の心の持ち方、つまり、その人から発する波動で決まるのです。

川の流れから外れてバイパスを流れている人は、元の本流にすぐに戻る必要があります。

川の上流を目指している人や中途半端に流されようとしている人々は、自分軸をシッカリと確認し不必要なエネルギーをクリアにし、軽やかに川を流れて行きましょう。

川の水は、宇宙のエネルギーなのです。

2019年4月18日

第三帖（一四〇）

人民同士の戦いでは到底《とうてい》かなわんなれど、いよいよとなりたら⦿がうつりて手柄さすのであるから、それまでに身魂磨いておいてくれよ。世界中が攻め寄せたと申しても、誠には勝てんのであるぞ、誠ほど結構なものないから、誠が⦿風《かみかぜ》であるから、臣民に誠なくなりていると、どんな気の毒出来るかわからんから、くどう気つけておくのざぞ、肚《はら》、掃除せよ。九月の十六日、ひつ九のか三。

【ひふみ神示　宇宙訳】

真実のあなた方は、人々のエゴの争いの相手にはならないでしょう。エゴの相手があなた方を負かそうとしても、その時には宇宙の光の存在たちが動いて争いに参加しないあなた方の真実の勝利となることでしょう！

それまでには、肉体も精神も磨き続けましょう！

これはご自分の役割使命に常に意識を向けておくことに匹敵するのです。

たとえ世界中があなた方に攻め寄せたとしても、その者たちは真実には勝てないのです。

真実に勝るものはありません！

真実こそが宇宙を動かす力なのです。
真実が無くなっている人は、役割使命への流れが滞ってしまうでしょう。
心を美しく保っておく必要があります。
よこしまな気持ちは、掃除しておきましょう！

第四帖（一四一）

この神示《ふで》いくらでも出て来るのざぞ、今の事と先の事と、三千世界、何もかもわかるのざから、よく読みて、肚に入れておいてくれよ、この神示盗まれぬようになされよ、神示盗りに来る人あるから気つけておくぞ。

この道は中行く道ぞ、左も右《みぎり》も偏《かたよ》ってはならんぞ、いつも心にてんし

様拝みておれば、何もかも楽にゆけるようになりているのざぞ、我《われ》が我がと思うていると、鼻ポキリと折れるぞ。九月十六日、ひつ九⦿。

【ひふみ神示　宇宙訳】

この神示は、まだまだ続きます。

今現在起きていることやこのままの波動で過ごせば、どのようになるのか、あるいは、今という場所も三千の世界があります。

その世界の全てのこともわかるのが宇宙なのです。

私（マスタークリエイター）が伝えていることは、この新時代を生きるには、中庸《ちゅうよう》が大切である、ということなのです。

いつも、波動をご自分の魂と共鳴させることで、何もかも楽に生きていけるでしょう。

私が！　私が！　というエゴや傲慢《ごうまん》な心があると、ご自分の思うようには、進まないでしょう。

第五帖（一四二）

片輪車でトンテントンテン、骨折損のくたびれ儲けばかり、いつまでしているのぞ、◉にまつろえと申してあろうがな、臣民の智恵で何出来たか、早う改心せよ。三月三日、五月五日は結構な日ぞ。九月十六日、ひつ九のか三。

【ひふみ神示　宇宙訳】

真の人生のパートナーと協力して地球での役割使命を果たしましょう。

どちらか一方で走っても、本当の意味での役割使命を果たすことは、難しいのです。

真の人生のパートナーと協力することで宇宙との共鳴がスムーズになるのです。

⦿

3月3日 5月5日とても重要なステージが移動する日なのです。
9月16日には、大きくない地軸がかわるでしょう。

第六帖（一四三）

⦿の国八つ裂きと申してあることいよいよ近づいたぞ、八つの国、一つになりて⦿の国に攻めて来るぞ。目覚めたらその日の生命《いのち》お預かりしたのざぞ、⦿の肉体、⦿の生命、大切せよ。⦿の国は⦿の力でないと治まったことないぞ、⦿第一ぞ、いつまで卍（仏）や十（キリスト）や九（いろいろなもの？）にこだわっているのざ。出雲の⦿様大切に、有り難くお祀りせよ、尊い御⦿様ぞ。天津⦿、国津神、みなの⦿⦿《かみがみ》様に御礼申せよ、まつろいて下されよ、結構な恐い世となりて来たぞ、上下《うえした》グレンぞ。九月十七日、一二⦿。

【ひふみ神示 宇宙訳】

神の国がいよいよ八つ裂きになるのが近づいて来ました。八つの国が団結して神の国に攻めて来るでしょう。目覚めたらその日の生命は、宇宙があずかっているのです。神の肉体、神の生命を大切にしましょう。神の国は神の力でないと治まらないのです。魂が最も大切なのです。いつまで仏教やキリスト教やさまざまな宗教にこだわっているのでしょうか。

出雲の大国主命《おおくにぬしのみこと》の魂を大切にするのです。有難くお祀りし、和合し、協力していくのです。天の神、国の神、神々の魂に感謝をするのです。

結構恐い世になって来ました。

第七帖（一四四）

⦿にまつろう者には生きも死もないのぞ、死のこと、まかると申してあろうがな、生き通しぞ、亡骸《なきがら》は臣民は残さなならんのざが、臣民でも昔は残さないで死《まか》ったのであるぞ、それがまことの◉国の臣民ぞ、ミコトぞ。
世の元と申すものは、天も地も泥の海でありたのざぞ。その時から、この世始まってから生き通しの神々様の御《おん》働きで五六七《ミロク》の世が来るのざぞ。肚が出来ておると、肚に神つまりますのざぞ、高天原《たかあまはら》ぞ、神漏《かむろ》岐《ぎ》、神漏美《かむろみ》の命《みこと》忘れるでないぞ。そこからわかりて来るぞ。海をみな船で埋めねばならんぞ、海断たれて苦しまんようにしてくれよ、海めぐらしてある◉の国、清めに清めておいた◉の国に、外国の悪渡りて来て◉は残念ぞ。見ておざれ、◉の力現わす時来たぞ。九月十八日、ひつ九◉。

【ひふみ神示 宇宙訳】
宇宙の法則に従って生きている人々は、宇宙のエネルギーによって活かされて行くでしょう！

新時代と共に、あなた方の細胞が変化してエネルギー源が宇宙のエネルギーとなることでしょう。

そうなれば、ステージには個人によって違いが出ますが、そのうちに寿命もご自分でコントロールできるようになり、不老不死の世が実現するのです。

今の地球が生まれでた時の初めは泥の海の状態でした。

その泥がやがて固まり、土地となり、地面が出来上がったのです。

宇宙に存在している時に私（マスタークリエイター）と約束して来た人々によって、この地球上で５６７弥勒《みろく》の世が実現するのです。

その人々があなた（StarVenus）のところに集まってくるでしょう。

そのことに対して、肚《はら》がすわった人には、光の存在たちが全力でサポートするでしょう。

その観点から、それを受けて実現して行く人なのか？　そうでないのか？　分かれてくるでしょう！

神の国と言われている国は、まるで海がその土地を浄化しているが如《ごと》く、その国を守っていることでしょう！

外国に神の国のエネルギーを伝える必要があります。

外国に染まってしまっては、その人々の本義からは、離れてしまうのです。

神の国のエネルギーを伝えることに集中していきましょう！
2019年5月22日

第八帖（一四五）

祓えせよと申してあることは、何もかも借銭なしにすることぞ。借銭なしとはメグリなくすることぞ、昔からの借銭は誰にでもあるのざぞ、それ払ってしまうまでは誰によらず苦しむのぞ、人ばかりでないぞ、家ばかりでないぞ、国には国の借銭あるぞ。世界中借銭なし、何しても大望《たいもう》であるぞ。

今度の世界中の戦《いくさ》は世界の借銭なしぞ、世界の大祓《おおはらえ》ぞ。神主、お祓《はら》いの祝詞《のりと》あげても何にもならんぞ、お祓《はらえ》祝詞は宣《の》るのぞ、今の神主宣ってないぞ、口先ばかりぞ、祝詞も抜けているぞ。畔放《あはなち》、頻蒔《しきまき》や、国津罪、みな抜けて読んでいるでないか、臣民の心には汚く映るであるうが、それは心の鏡曇っているからぞ。悪や学に騙されて、肝心の祝詞まで骨抜きにしているでないか、これでは世界は浄《きよ》まらんぞ。祝詞は読むものではないぞ、神前で読めばそれでよいと思うているが、それだけでは何にもならんぞ。宣るのざぞ、いのるのざぞ、なりきるのざぞ、とけきるのざぞ、神主ばかりでないぞ、皆心得ておけよ、⦿のことは神主に、仏は坊主にと申していること根本の大間違いぞ。九月十九日、ひつ九の⦿。

【ひふみ神示 宇宙訳】

あなた方が今まで地球で何百回何千回と降り立った時につけた魂の癖は、地球で付けたものは、地球でしか外せないのです。

この新時代となった今、あなた方の魂の癖は、外しやすくなっています。

それは、宇宙からあなた方へ「魂の癖は、必要なくなった」というメッセージなのです。

その癖に執着することなく、外して行きましょう。

この魂の癖は、誰にもあるものです。人だけによらず、国には国の癖があります。

その癖を外して行けば、世界が平和になるのです。

神主が祓《はら》いの祝詞をあげていても、癖は外れないのです。

祝詞というのは、宣言して実践することなのです。口先だけで、行動が伴わないと意味がありません。

人間の身に現在起こっているネガティブなことに目を背けてはなりません。

一見ネガティブなことに眼をそむけたくなくのは、その人のベースの波動が荒いからなのです。

学問や戦略などの方法論に意識を向ける時ではありません。

この地球を光へと導く役割使命がある人々は、行動、実践必要なのです。

その波動が宇宙を動かしミラクルとなるのです。

２０１９年６月６日

第九帖（一四六）

一二《ひつき》の☉にひと時拝せよ、☉の恵み、身にも受けよ、からだ甦るぞ、☉の光を着よ、み光を頂けよ、食べよ、☉ほど結構なものないぞ、今の臣民、ヒ（日）を頂かぬから病になるのざぞ、☉の子は☉の子と申してあろうがな。九月二十日、ひつ九のか三。

【ひふみ神示 宇宙訳】

あなた方がクリエイターであるということを受け容れましょう。それが、ほんのひと時でもよいのです。

受け容れたとき、宇宙からのサポートのエネルギーを感じるでしょう。すると、肉体も蘇《よみがえ》るでしょう。

あなたの本来の光が輝き始めるでしょう。

あなた方は、段階的に進化しているのです。肉体も精神的にも進化しています。

あなた方の細胞に存在しているミトコンドリアは、地球上では、食べ物からエネルギーを摂取していましたが、段階的に、宇宙の光エネルギーがあなた方が地球上で存在するためのエネルギー源になっていくでしょう。

宇宙エネルギーや太陽からの光を受け容れましょう。あなた方は、光の子、サンファミリーでもあるのです。

２０１９年６月13日

第十帖（一四七）

何事も方便と申して自分勝手なことばかり申しているが、方便と申すもの⦿の国には無いのざぞ。まことがことぞ、まのことぞ、言霊《ことたま》ぞ。これまでは方便と申して逃げられたが、もはや逃げること出来ないぞ、方便の人々、早う心洗いてくれよ、方便の世は済みたのざぞ、今でも仏の世と思うているとビックリが出るぞ、⦿の国、元の⦿がスッカリ現われて富士の高嶺《たかね》から天地《あめつち》へ祝詞するぞ、岩戸閉める御役になるなよ。九月二十日、ひつ九のか三。

【ひふみ神示 宇宙訳】

今、地球のエネルギーの変化が加速しました。あなた方が地球上でなす必要があるのは、真実のみなのです。

今までの地球上において、多くの人々が理解できるように「方便」というものが存在していました。

しかし、今大きく変化を開始し、舵を大きく切った地球上において、役割使命を開始する人々には「方便」ではなく、「真実」「真の宇宙の法則」が理解できるのです。

この地球を光に導くためのメッセージの真実のみに意識を集中するときなの

です。
あなた方が光の筒となり、宇宙と地球のエネルギーを融合させ、あなた方の真の役割使命が開始するでしょう。
２０１９年６月20日

第十一帖（一四八）

世界丸めて一つの国とするぞと申してあるが、国はそれぞれの色の違う臣民によりて一つ一つの国作らすぞ。その心々によりて、それぞれの教え作らすのぞ。旧《ふる》きものまかりて、また新しくなるのぞ、その心々の国と申すは、心々の国であるぞ、一つの王で治めるのざぞ。

【ひふみ神示　宇宙訳】

世界を一つの国にすると伝えていますが、国は、それぞれの役割の違い、キャラクターの違いによって一つ一つの国をつくっていくでしょう。それぞれの役割の違い、キャラクターの違いには、それぞれの心が存在しています。その心によって生き方や向いている方向性が違うのです。

古いエネルギーが途絶えて、新しいエネルギーの時代となるのです。

心心の国が、世界をまとめていくことになるでしょう。心心の国は、宇宙からのエネルギーが直接に降り、光り輝く国となり、その国が世界をまとめていくことでしょう。

2019年6月27日

天津日嗣《あまつひつぎ》の皇子《みこ》様が世界中照らすのぞ。地《くに》のひつきの御役《おんやく》も大切の御役ぞ。

道とは三つの道が一つになることぞ、満ち満つことぞ、元の昔に返すのざぞ、修理固成《つくりかため》の終わりの仕組ぞ、終わりは始めぞ、始めは一《ひ》

（霊）ぞ。富士、都《みやこ》となるのざぞ、幽界《がいこく》行きは外国行きぞ。◉の国、光りて目あけて見れんことになるのざぞ、臣民の身体からも光が出るのざぞ、その光によりて、その御役、位《くらい》、わかるのざから、ミロクの世となりたら何もかもハッキリして嬉し嬉しの世となるのぞ、今の文明なくなるのでないぞ、魂《たま》入れて、いよいよ光りて来るのぞ、手握りて草木も四《よ》つ足もみな歌うこととなるのぞ、御光《みひかり》にみな集まりて来るのざぞ、てんし様の御光は◉の光であるのざぞ。九月二十と一日、一二か三。

【ひふみ神示　宇宙訳】

私（マスタークリエイター）と地球全体を照らす役割を約束してきた存在、そして、日本の人々を真実へと導く約束をしてきた存在、双方が今後活躍していくでしょう。

道とは、三つの道が一つになるということ、つまり、過去・現在・未来の時間軸をも超えて行けるということに気づくということなのです。

ここの解釈を間違えやすいようですが、元の昔に戻ってはいけないのです。新時代は、あなた方のエネルギーや各々《おのおの》の役割も変化しています。

なによりも、この地球を光へと導くために降りている人々がたくさんいらっしゃいます。

前に前にすすむのです。

始まりのトキは、エネルギーで開始しています。そもそも、あなた方の物質世界は、エネルギーから始まっているのです。そういう意味では、このエネルギーに着目することが重要なのです。

神の国と言われている日本は、光り輝いていくでしょう。それと共に、あなた方人間の肉体も発光するでしょう。その光の強さでその人の宇宙への信頼の強さが顕在化するのです。

ミロクの世となったあかつきには、なにもかも真実が明らかになるでしょう。

今までは、人々を欺《あざむ》けていたことも明らかになるでしょう。

今の文明が消失するのでは、ありません。今以上に輝きを放つことになるでしょう。
森羅万象《しんらばんしょう》全てはかがやくのです。あなた方は、至福の喜びを体験するでしょう。
2019年7月4日

第十二帖（一四九）

この道は道なき道ざぞ。天理も金光も黒住も今は魂《たましい》抜けておれど、この道入れて生きかえるのぞ、日蓮も親鸞も耶蘇《やそ》も何もかもみな脱げ殻ぞ、この道で魂《たま》入れてくれよ、この道は、〇の中に、入れてくれと申してあろうが。臣民も、世界中の臣民も国々も、みな同じことぞ、、入れてくれよ、〇を掃除しておらぬと、入らんぞ、今度の戦は〇の掃除ぞと申してあろうがな、まつりとは、まつり合わすことと申してあろうがな、この道は教えでないと言うてあろうが、教会や他の集いでないと申してあろうがな、人集めてくれるなと申してあろうがな。世界中の臣民みな信者と申してあろうが、この道は道なき道ぞ、時なき道ぞ、光ぞ。この道でみな生き返るのざぞ。天明阿呆になりてくれよ、我《が》捨ててくれよ、神憑《か》かるのに苦しいぞ。九月二十二日、あの一二⦿。

【ひふみ神示 宇宙訳】

あなた方がこれから進むべき道、そこは、道なき道なのです。今までのあなた方が信じて歩いてきた道、それは、あなた方が信じる人々が歩んできた道だと思い込んでいるのです。そこには、真実は存在していません。あなた方が道なき道を進んだ時、あなたの魂に光がともるのです。

現在の仏教団体もキリスト教団体にも魂は入っていないのです。

あなた方が真実の道を歩むことが魂を入れることになるのです。形骸化した物質に魂を入れるのです。

形骸化した物質を整理整頓し、クリアなものにすることで魂が入り、蘇ることができるのです。

あなた方が歩む真実の道は、「教え」ではなく、集会を開いて多くの人々を集めるものではないのです。

人数の多さは、真実ではない、という証《あかし》なのです。真実がわかっていない人々は、人の多さを誇るでしょう。

しかしながら、真実の道を歩む人は、確実に確実な人に真実を伝え、その人々は、実践することが最も重要なのです。あなた方がこれから歩む真実の道は、道なき道であり、時間がない道でもあり、光そのモノなのです。この道こそが、みんなが生き返ることができる道なのです。

阿呆になりましょう。それは、知識ではなく、感じること。緩《ゆる》んで感じると宇宙の叡智《えいち》をキャッチするようになるでしょう。

我《が》、エゴを捨てましょう。我やエゴの存在は、宇宙の叡智と共鳴することが困難となり、人間を生きて行くのが苦しくなるでしょう。
2019年7月11日

第十三帖（一五〇）

赤い眼鏡かければ赤く見えると思うているが、それは相手が白い時ばかりぞ、青いものは紫に映るぞ。今の世は色とりどりの眼鏡とりどりざから見当とれんことになるのざぞ、眼鏡はずすに限るのぞ、眼鏡はずすとは洗濯することざぞ。上《うえ》ばかり良くてもならず、下《しも》ばかり良くてもならんぞ。上も下も天地揃うて良くなりて、世界中の臣民、獣《けもの》まで安心して暮らせる新《さら》の世に致すのざぞ、取り違えするなよ。九月二十三日、一二⦿。

【ひふみ神示 宇宙訳】

あなたが赤いレンズを通して様々な物事を視《み》ると赤く見えると思っているでしょう。

しかし、それは相手が白いトキなのです。相手が青いとあなたがみえるものは、紫色に見えるでしょう。

今の世の中は、レンズの色も様々存在しています。相手の色も様々存在しています。

何が真実で何が真実でないのか？　わかりずらくなっているのです。

赤いレンズを通して見えるものを評価している人々。あるいは、黄色いレンズを通して見えるものを判断している人。ピンクの色のレンズを通してみてる人。同じものを視ても、その人が何色のレンズを通しているのかで全く見え方が変わってきます。

あなた方は、色がついたレンズを通して判断している人々からの情報に振り回されているのです。

真実を視たければ、レンズを通さずにみることが重要なのです。

レンズを通さずに視る、ということは、心の在り方をクリアにするということです。肉体に付いている感情のとりこにならず、自分の魂と共鳴して判断することが必要なのです。

あなたが調和のとれた状態で存在することが大切です。

宇宙にばかり意識を向けていても偏ってしまいます。地球にばかり意識を向けていても偏るのです。

宇宙、そして、地球その間には、人間が存在しているのです。宇宙と地球の間に存在しているのが人間なのです。

地球上に存在している人々が「人間」になっていれば、世界中が光そのモノとなり、動物や植物までもが安心して暮らせる、新しい世、光の地球が実現するのです。

レンズを通さずご自分の役割使命を果たしていきましょう。

２０１９年７月18日

第十四帖（一五一）

この道わかりた人から一柱《ひとはしら》でも早う出て参りて神の御用なされよ。何処《どこ》におりても御用はいくらでもあるのざぞ。神の御用と申して、稲荷下げや狐憑きの真似はさせんぞよ。この道は厳しき道ざから楽な道なのぞ。上にも下にも花咲く世になるのざぞ、後悔は要らぬのざぞ。上《かみ》は見通しでないとカミでないぞ、今のカミは見通しどころか目ふさいでいるでないか。蛙《かえる》いくら鳴いたとて夜明けんぞ。赤児になれよ、ごもく捨てよ、その日その時から顔まで変わるのざぞ、◉烈《はげ》しく結構な世となりたぞ。九月二十三日、ひつ九のか三。

【ひふみ神示　宇宙訳】

真実の宇宙の法則に目覚め、私（マスタークリエイター）と約束してきた役割使命の存在に気付いた人々から、あなたの役割使命を果たしていきましょう。

それは、あなたがどの場所にいてもあなたの役割使命はあるのです。

まずは、今の環境の中であなたができることから始めましょう。

あなたがすべき役割使命には、怠《なま》けて手を抜いてできるものはないのです。

あなた方が存在している地球も宇宙も一部なのです。宇宙は、全て波動で動いています。

あなたが発信している波動であなたの人生が決まっているのです。

あなたが手を抜こうとすればするほどに、役割使命から遠のくでしょう。

しかしながら、あなたがご自分の波動を魂が欲することに共鳴させていけば、そこには豊かであり、楽しい人生が待っているのです。

後悔という波動は必要ありません。今、あなたがどの道を選ぶのか、それはあなたが決めることなのです。

あなたが選ぶ道が豊かであり、楽しい人生へと続く道であるように、私（マスタークリエイター）があなた方に伝えているのです。

あなたが発する波動、それは、人間は騙《だま》せるかもしれません。しかし、宇宙はその波動に従ってそのまま動くのです。

今のあなたがいくら嘆き泣いても明るい未来は来ないのです。

生まれたての赤ちゃんのトキのようにピュアな状態に戻るのです。

そう決断することであなたの顔つきまでも変化するでしょう。

宇宙の真理に従って、あなたの波動を整え、あなたの魂の欲することに波動を共鳴し、その通りに行動する、そこに光の道が現れてくるのです。

すると、この地球が光輝いていくのです。

２０１９年７月25日

第十五帖（一五二）

◉の国の上《かみ》の役員にわかりかけたらバタバタに埒《らち》つくなれど、学や智恵が邪魔してなかなかにわからんから、くどう申しているのざぞ。臣民物言わなくなるぞ、この世の終わり近づいた時ぞ。石、物言う時ぞ。

⦿

神の目には外国も日本《やまと》もないのざぞ。みなが⦿の国ぞ。七王《ななおう》も八王《やおう》も作らせんぞ、一つの王で治めさすぞ。てんし様が世界みそなわすのざぞ。世界中の罪負いておわしますスサノオの大神様に気づかんか、盲、聾ばかりと申してもあまりでないか。九月の二十三日、ひつ九のか三。

【ひふみ神示　宇宙訳】

日本の大和魂を世界に拡げることが最も重要なことなのだと気が付き始めると、物事がはかどるように思うでしょうが、学問や今までの地球的な知恵が邪魔をして、なかなか神髄《しんずい》には辿《たど》り着かないでしょう。

今まで地球上での常識が通じなくなり、全く真逆なことが真実であると気づくでしょう。

地球が育て出現してきている「鉱物」の波動で察することが重要になることでしょう。

宇宙的には、海外の人々や日本人の違いはありません。宇宙的には、全てその人その人から発する波動で動くのです。そして、新時代には、国による区別がなく、一人の王で地球を治めるようになるでしょう。

ご自分のエゴというレンズを通してしか、見たり聴いたりしないのでは、私（マスタークリエイター）と約束してきた役割使命へと進むことが困難になるでしょう。

あなたの役割使命に進んだ時、この上ない豊かさと光を感じることができるでしょう。

2019年8月1日

第十六帖（一五三）

㋹が臣民の心の中に宝いけておいたのに、悪に負けて汚してしもうて、それで不足申していることに気づかんか。一にも金、二にも金と申して、人が難儀しようが我《われ》さえよけらよいと申しているでないか。それ

⦿

はまだよいのぞ、⦿の面《めん》かぶりて口先きばかりで神様神様、てんし様てんし様と申したり、頭下げたりしているが、こんな臣民一人もいらんぞ、いざという時は尻に帆かけて逃げ出す者ばかりぞ、犬猫は正直でよいぞ、こんな臣民は今度は気の毒ながらお出直しぞ。

ゝの申したこと一分一厘違わんのざぞ、その通りになるのざぞ。上に唾《つばき》すればその顔に落ちるのざぞ、時節ほど結構な恐いものないぞ、時節来たぞ、慌てずに急いで下されよ。世界中唸《うな》るぞ。陸が海となるところあるぞ。今に病神《やまいがみ》の仕組にかかりている臣民苦しむ時近づいたぞ、病はやるぞ、この病は見当とれん病ぞ、病になりていても、人もわからねば我もわからん病ぞ、今に重くなりて来るとわかりて来るが、その時では間に合わん、手遅れぞ。この方の神示よく肚に入れて病追い出せよ、早うせねばフニャフニャ腰になりて四ツン這《ば》いで這い廻らならんことになると申してあろうがな、⦿の入れものワヤにしているぞ。九月二十三日、ひつ九のか三。

【ひふみ神示　宇宙訳】

あなた方の魂は、全ての答えを知っています。あなたが何者なのか？　何をするために地球に存在しているのか？　全てあなた自身の中に答えが存在しているのです。

あなた方が不安になったり、恐怖が芽生える、それは、あなた方の肉体に「エゴ」が存在しているからなのです。

「エゴ」を全て否定してはいけません。あなた方が地球に存在するために必要だから存在しているのです。

しかしながら、「エゴ」を「エゴ」と見破ることができず、あなたの地球上での役割使命を忘れ、欲望に流されてしまう現象が起こっています。

物質世界で生きていることで、「お金」を重要視する傾向があります。そして、ご自分さえよければよい、という「エゴ」を重視する傾向が出ています。

しかしながら、それは、まだ、序の口でしょう。

口先だけで、「宇宙のお蔭です」と言っていても、行動が伴わず実践者ではない人も多く存在しています。

そのような人々は、いざという時、さっさと逃げていくことでしょう。

大切なことから逃げる癖がある人は、今のうちに改善する必要があります。

口先だけで実践者ではない人々は、宇宙が全て波動でキャッチしています。

役割使命からも逃げている人々は、一旦宇宙へ還《かえ》るときが間近に来るでしょう。

天に向かって唾を吐けば、ご自分の顔に還ってくるように、あなた方が発した波動がそのままご自分に還ってくるのです。

新時代、あなた方に還る速度は急激にアップし、速度だけではなく、還ってくるのは、何万倍となって返ってくる時代となりました。

あなた方の魂は、光そのモノです。光そのモノを入れている入れ物、すなわち、あなた方の肉体の声にしっかり耳を傾けて、あなたの生き方や進む方向性を調節しながら進みましょう。

2019年8月8日

第十七帖（一五四）

まことの善は悪に似ているぞ、まことの悪は善に似ているぞ、よく見分けなならんぞ、悪の大将は光り輝いているのざぞ、悪人はおとなしく見えるものぞ。日本の国は世界の雛型《ひながた》であるぞ、雛型でないところは真の⦿の国でないから、よほど気つけておりてくれよ、一時は敵となるのざから、ちっとも気許せんことぞ、⦿がとくに気つけておくぞ。今は日本の国となりても、⦿の元の国でないところもあるのざから、雛型見て、よく肚に入れておりて下されよ、後悔間に合わんぞ。九月二十三日、ひつ九の⦿。

【ひふみ神示　宇宙訳】

真実の愛は、一見冷酷なようにうつるでしょう。そして、真実の冷酷さは、一見愛のようにうつるでしょう。

よくよく見分ける必要があるのです。

本当に相手のことを思っての行動は、相手を見放したように感じることがあります。

相手のことを思いやっての行動にみえることが、実は自分のエゴからの行動であり、自己満足でしかないことが多くあるのです。

今のあなた方の世界で愛とは反対の位置に存在している人々は、光輝いているようにみえるでしょう。

おとなしく良い人にみせることに長けているのです。

日本の国は世界のひな形なのです。ひな形には、存在しないところ、すなわち、その国は、一時的にはあなた方の愛とは、反する波動をもってあなた方と接するでしょう。

今現在は、日本の国に所属していても、そもそもは、日本ではない場所が存在しています。

その場所にあたる国は、大和魂とは程遠い波動を発しています。

一時的なことですが、それを理解したうえで対応することが大切な時代となりました。

２０１９年８月15日

第十八帖（一五五）

我《わ》れ善《よ》しの政治ではならんぞ、今の政治経済は我れ善しであるぞ。臣民のソロバンで政治や経済してならんぞ、◉の光のやり方でないと治まらんぞ、与える政治がまことの政治ぞよ、臣民勇む政治とは、上下《うえした》まつろい合わす政治のことぞ、◉（日）の光ある時は、いくら曇っても闇ではないぞ、いくら曇っても悪が防げても昼は昼ぞ、いくら灯《あか》り

⦿

つけても夜《よ》は夜ぞ、⦿のやり方は日の光と申して、くどう気つけてあろうがな。

政治ぞ、これは経済ぞと分けることは、政事《まつりごと》でないぞ。⦿の臣民、魂《たま》と肉体の別ないと申してあることわからぬか、⦿のやり方は人の身《から》魂《たま》、人のはたらき見ればすぐわかるでないか。肚にチャンと⦿鎮まっておれば何事も箱さしたように動くのざぞ、いくら頭が偉いと申して、胃袋は頭の言う通りには動かんぞ、この道理わかりたか、ぢゃと申して味噌も糞も一つにしてはならんのざぞ。

【ひふみ神示　宇宙訳】

今の政治経済は、宇宙から感じる波動は、利己的な波動なのです。人間の肉体に付いている感情やエゴに従った政治や経済ではなく、宇宙と共鳴し、この地球に存在している意義、つまり、役割使命に則《のっと》った政治が新時代に必要なのです。

人間の肉体に付いている感情やエゴが奮い立つ政治とは、上下関係をつくり、下に区分された人々は上に従わす政治のことなのです。

日の光があるときは、いくら曇っても闇ではありません。いくら曇って、荒い波動が光を妨害しても昼は昼なのです。夜にいくら明かりをつけても、夜は夜なのです。根本的な波動が全く違うのです。

あなた方の眼に見えるものだけを信じて生きるのではなく、波動を感じて生きることが大切なのです。

これが政治、これが経済、と分けることは、波動が荒いのです。

新時代に必要であり、宇宙と共鳴した人々は、肉体と魂とは統合しているのです。

宇宙は、あなた方の波動で魂に従って生きているのか？　エゴに従って生きているのか？

波動でわかるのです。魂に従って生きてるとまるでパズルを合わせるように、計っているかのように全てがうまくいくのです。

いくら知識や情報をたくさん持っていても、宇宙の法則に則って生きられるものではありません。

宇宙の法則を知ったからといって、その通りに生きるとはかぎりません。

2019年8月22日

⦿

⦿の政治はやさしい難しいやり方ぞ、高きから低きに流れる水のやり方ぞ。⦿の印《しるし》つけた悪来るぞ。悪の顔した⦿あるぞ。飛行機も船も臣民もみな同じぞ。足元に気つけてくれよ、向こうの国はちっとも急いではおらぬのぞ、自分で目的達せねば子の代、子で出来ねば孫の世と、気長くかかりているのざぞ、⦿の国の今の臣民、気が短いからしくじるのざぞ。しびれ切らすと立ち上がれんぞ、急いではならんぞ、急がねばならんぞ。⦿の申すこと取り違いせぬようにしてくれよ。よくこの神示読んでくれよ、元の邪気凝《じゃきこ》りて湧いて出た悪の種は、邪鬼《じゃき》と大蛇《おろち》と四ッ足となって、邪鬼には二本の角、大蛇は八ッ頭《やがしら》、八ッ尾、四ッ足は金毛《きんもう》であるから気つけておくぞ。四ッ足は女《おみな》に憑いて化けているから、守護神殿、臣民殿、騙《だま》されぬように致して下されよ。九月二十三日、あの、ひつ九のか三。

【ひふみ神示　宇宙訳】

新時代を担う政治は、とてもシンプルなのですが今までの地球での概念とは全く違う方面からの視点が必要なのです。宇宙の流れに流されるやり方なのです。

光の地球へ流れる流され方なのです。

今までのあなたがたの視点では、「光」と見せかけることに長《た》けている「影」の存在が来るでしょう。

あなた方の諺《ことわざ》では、「地獄への道は、善意で敷き詰められている」とあります。

善意であれば、「光」だと捉えるのは、新時代には通用しません。

一見「悪」のように感じる「光」「愛」が存在するでしょう。

「今」を大切に感じるのです。地球のエネルギーを感じることが重要なのです。

日本の現代の人々は、決して焦らないことです。ゆったりと宇宙の流れに流される、という優雅さが必要なのです。

今の時代の流れは、あなた方の先輩たちが創り上げてきたものです。

宇宙からのメッセージを取り違えないことです。

あなた方が存在している地球には、「影」の役割使命をかって出た存在がいます。

それを見分けて進んでいきましょう。

２０１９年９月12日

第十九帖（一五六）

世成り、神国の太陽足り満ちて、皆みち足り、神国の月神、世をひらき足り、弥栄にひらき、月光、総てはみち、結び出づ、道は極みに極む、一二三《ひふみ》、三四五《みよいづ》、五六七《みろく》、弥栄々々ぞ、神、仏、耶ことごと和し、和して足り、太道ひらく永遠、富士は晴れたり、太神は光り出づ、神国のはじめ。九月二十四日、一二⊙ふみ。

【ひふみ神示　宇宙訳】

世の中が光へと導かれたとき、日本には宇宙の光が満ち溢れ、全てのモノや人々が満ち足りて、日本に降り注ぐ月の光の浄化のエネルギーも最高のパワーとなって、光の地球へと進むのです。

森羅万象全てが結ばれていることを悟り、全ての人々がご自分の役割使命を果たし、豊かで輝いている状態となっているのです。

宇宙の光と世の中の波動が共鳴し、一層栄えて、あなた方がいうところの神や仏は、ことごとく全てが和合し、宇宙と地球の波動が共鳴し、混合エネルギーの中で、いよいよ始まる素晴らしい地球を宇宙全体が祝うことでしょう。
2019年9月18日

第二十帖（一五七）

世界に変わりたこと出来たら、それは◉◉《かみがみ》様の渡られる橋ぞ。本清めねば末は清まらんぞ、根絶ちて葉繁らんぞ、元の種が大切ざぞ、種は元から選《よ》り分けてあるのざぞ、せんぶり苦いぞ。九月の二十四日、ひつ九のか三。

【ひふみ神示　宇宙訳】

世の中で大きな変化を感じ始めたのであれば、それは、あなた方が住んでいる惑星を光に導く人々が輝きだす合図なのです。

木の幹が清らかでないと枝葉は清らかにはなりません。木の根が無くなると葉は茂ることはありません。

根本、基本が重要なのです。木の種は、宇宙が選択しているのです。

宇宙で約束してきた役割使命に生きる時なのです。全ての人々が豊かでご自分が主役の人生を歩むでしょう。

第二十一帖（一五八）

神界のことは現界ではなかなかにわかるものでないということとわかりたら、神界のこととわかるのであるぞ。一に一足すと二となるというソロバンや物差しでは見当取れんのざぞ。今までの戦でも、神が蔭から護っていることとわかるであろうがな、あんな者がこんな手柄立てたと申すこととあろうが、臣民からは阿呆に見えても、素直な人には㋹が憑かりやすいのであるから、早う素直に致してくれよ。海の津波気をつけてくれ、前に知らしてやるぞ。九月二十五日、ひつ九か三。

【ひふみ神示　宇宙訳】

宇宙のことは、物質世界では、なかなかわかるものではない、ということがわかったら、宇宙の法則がわかるのです。

一＋一は、二になるというようなそろばん勘定や物差しでは、見当もできない法則なのです。

今までのことでも、宇宙の法則に則って役割使命にただひたすら生きてきた人を宇宙が全力でサポートするのです。

ただひたすらに根本に生きる生き方は、物質世界からみると、一見馬鹿正直であり、馬鹿であると見えても素直であり、役割使命に対して正直に生ききる人を今までも宇宙は、全力でサポートしてきたのです。

素直な人には、宇宙が全力でサポートしやすいので、全ての地球に住んでいる人々が素直で馬鹿正直に生きていただきたいものです。

２０１９年９月26日

第二十二帖（一五九）

我《われ》が助かろと思うたら助からぬのざぞ、その心我れ善しざぞ。身魂《みたま》磨けた人から救うてやるのざぞ、㋹うつるのざぞ、身魂曇りた人にも〇はうつるのざぞ、㋹のうつりた人と〇の憑かりた人との大戦《おおいくさ》ぞ、ヽと〇とが戦して、やがては、ヽを中にして〇がおさまるのぞ。その時は〇は〇でなく、ヽもヽでないのざぞ、㋹となるのざぞ、ヽと〇のまつりぞと申してあろうがな。どちらの国も潰れるところまでになるのぞ、人民同士はもう戦かなわんと申しても、この仕組成就するまでは、㋹が戦やめさせんから、㋹がやめるわけに行かんから、今やめたら、まだまだ悪くなるのぞ、〇の世となるのぞ、〇の世界となるのぞ。今の臣民九分通り〇になりているぞ、早う戦済ませてくれと申しているが、今、夜明けたら、臣民九分通り無くなるのざぞ。お洗濯第一ざぞ。九月の二十六日、ひつ九のか三。

【ひふみ神示　宇宙訳】

ご自分の身を守ろうとすると助からないのです。保身の心は、ご自分だけが助かればよい、と思う心なのです。宇宙が感じるその波動は、とても荒い波動なのです。肉体に魂が正常に活動している人と肉体のエゴのみで生きている人との闘いのようなものでしょう。

肉体のエゴと魂からの望みが葛藤《かっとう》して、やがては魂の望みを軸に生きることで肉体も健全に活動するのです。その時は、肉体のみではなく、しかし、魂エネルギーのみでもなく、健全な肉体と魂を意識して生きる生き方そのものがこの地球を光へと導くのです。

中途半端に放置することで、肉体のエゴが強い人々が時間の経過と共に、最強の欲望のエネルギーを燃やしてくるでしょう。すると肉体のエゴの強い人のみの地球となるでしょう。

今、日本の人々の９割は、肉体のエゴのみ欲望で支配する人生を生きているのです。

今の状態で放置することで、９割の人々の魂エネルギーは、この宇宙から消滅することになるでしょう。

欲望のみで生きるのではなく、魂とコミュニケーションをとりながら生きることが最も重要なのです。

２０１９年10月３日

第二十三帖（一六〇）

この神示、心で読みてくれよ、声出して読みてくれよ、病も治るぞ、草木もこの神示読みてやれば花咲くのざぞ。この道広めるには、教会のようなものつとめてくれるなよ、集団《まどい》を作りてくれるなよ。心から

◉

心、声から声、身体から身体へと広めてくれよ、世界中の臣民みなこの方の民ざから、早う伝えてくれよ。神も人も一つであるぞ、考えていては何も出来ないぞ、考えないで思う通りにやるのが神のやり方ぞ、考えは人の迷いざぞ、今の臣民、身魂曇りているから考えねばならぬが、考えればいよいよ曇りたものになる道理わからぬか。日暮れを気つけてくれよ、日暮れ良くなるぞ、日暮れに始めたことは何でも成就するようになるのざぞ、日暮れを日の暮れとばかり思うていると、臣民の狭い心で取りていると間違うぞ。◉のくれのことを申すのざぞ。
九月の二十八日、ひつ九のか三。

【ひふみ神示　宇宙訳】

このひふみ神示は、心で読みましょう。声に出して読みましょう。
そうするとあなた方が創り出した「病気」というものも改善していくことでしょう。それは、あなたが肉体と会話ができ、肉体は、あなたに何を訴えているのか？　理解できてくるからなのです。

草や木々もこのひふみ神示の波動でやがて花が咲き豊かに実ってくるでしょう。

このひふみ神示で伝えている宇宙の真理を伝えるのに今までの宗教のように権威的に広めないことです。

心から心へ、声から声へ、肉体から肉体へと広めていきましょう。この地球上に存在している人々すべては、私（マスタークリエイター）の子供なのです。宇宙と共鳴するのです。思考を働かせる時代では、ありません。思考を働かせ考えるのではなく、感じ取るのです。魂の赴《おもむ》くままに流されるのが宇宙の真理なのです。

思考は、人を迷路へと導くでしょう。今現代の多くの人々は、肉体と魂が分離し、魂と会話できる人が減っています。魂と会話できないから、思考を働かせてしまうのです。しかしながら、思考を働かせるともっと魂と会話できなくなっていくのです。

さまざまなことが終了していく時がとても重要なのです。美しく終了させることで次へのステージへスムーズに進むことができるのです。

従来の地球のルールに従って、狭い視野で捉えているときでは、ありません。

魂と会話をし、次へと進むときなのです。

２０１９年10月10日

第二十四帖（一六一）

この方、明神《みようじん》とも現われているのざぞ、臣民守護のために現われているのであるぞ。衣《ころも》はくるむものであるぞ、くるむものとは、まつろうものぞ、⦿の衣は人であるぞ、汚《けが》れ破れた衣では⦿は嫌ざぞ。衣は何でもよいと申すようなものではないぞ、暑さ寒さ防げばよいと申すような簡単なものでないぞ。今は神の衣なくなっている、九分九厘の臣民、⦿の衣になれないのざぞ。悪神《あくがみ》の衣ばかりぞ、今に臣民の衣も九分九厘なくなるのざぞ。⦿の国、霊の国と、この世とは合わせ鏡であるから、この世に映って来るのざぞ、臣民身魂洗濯してくれとくどう申してあろうがな、この道理よくわかりたか。十月とは十《カミ》の月ぞ、｜（陽）と一（陰）との組みた月ぞ。九月の二十八日、ひつ九のか三。

【ひふみ神示　宇宙訳】

宇宙からは、光の存在たちが地球をサポートするために出現しているのです。あなた方肉体をもって降りた人たちをサポートするために存在しているのです。

布は、巻く様に締め付けずにおおうものなのです。地球という惑星、マザーアースの衣は、あなた方人なのです。汚れて破れた衣で地球を覆うと地球の光が消滅してしまいます。

あなた方に置き換えてイメージしてみましょう。

衣は、何を着てもよいでしょうか？　ただ寒さや暑さを防げればそれでよいというような簡単なものではないのです。

その人に似あう衣を着ることが必要でしょう。今現在、地球という惑星、マザーアースを覆う衣、つまり、あなた方が発信している波動は、荒い波動なのです。99％の人々の波動は、荒い状態です。

今、99％が悪神によって動かされているのです。今に、光の地球を目指す役割使命の人々も99％が人間として存在しなくなるでしょう。

その役割使命がある人々は、今のうちに魂の癖を外しましょう。

十月は神の月です。｜（陽）と一（陰）との組み合わさった月なのです。男性と女性と協力し合い、光の地球を実現して行くのです。

２０１９年10月17日

第二十五帖（一六二）

新しくその日その日の生まれ来るのぞ、三日は三日、十日は十日の神殿《どの》護るのざぞ、時の神ほど結構な恐い神ないのざぞ、この方とて時節にはかなわんことあるのざぞ。今日なれば九月の二十八日であるが、旧の八月十一殿を拝みてくれよ、二十八日殿もあるのざぞ。何事も時待ちてくれよ、炒豆《いりまめ》にも花咲くのざぞ、この世では時の神様、時節を忘れてはならんぞ、時は神なりぞ。何事もその時節来たのざぞ、時過ぎて種蒔《ま》いてもお役には立たんのであるぞ、草物言うぞ。旧の八月の十一日、ひつ九か三。

【ひふみ神示　宇宙訳】

あなた方が存在している地球には、「時間」「トキ」「タイミング」というものがあります。

「時間」「トキ」「タイミング」は、宇宙の法則でもあるのです。それを無視すると宇宙の流れに逆らって生きることになります。

「トキ」「タイミング」を過ぎて、種を蒔いても育たないのと同じなのです。

瞬間、瞬間を生きることが重要でしょう。今、どのような瞬間に存在しているのか、感じて生きて行きましょう。
2019年10月24日

第二十六帖（一六三）

雨の日は傘いるのざと申して晴れたら要らぬのざぞ、その時その時の御用あるのざぞ、晴れた日とて傘要らぬのでないぞ、今御用ある臣民と、明日御用ある臣民とあるのざぞ、二歳《ふたつ》の時は二歳の着物、五歳《いつつ》は五歳、十歳《とう》は十歳の着物あるのざぞ。十柱《とはしら》の御役もその通りざぞ、役変わるのぞ。旧八月の十二日、ひつ九のか三。

【ひふみ神示 宇宙訳】

雨の日は、傘が必要でしょう。しかし、晴れたときは必要ではなくなるのです。この現象を視ればわかるように、そのトキ、そのトキの役割使命が存在しています。

しかしながら、晴れたからと言って傘が必要ないとは限りません。

今、使命がある人々と明日使命がある人々があります。

あなたがたの人生を顧《かえり》みてみましょう。二歳のトキには二歳に合った着物があります。

五歳のトキには五歳に合った、十歳のトキには十歳の着物があります。

十柱の役割使命も同じことが言えるでしょう。

その時代、その時代、そのステージによって、役割使命が変化していきます。

あなた自身の人生の中でも同じです。人生に於《お》いて、役割使命が一つとは限りません。

地球のステージや時代の流れによって、人々に必要なエネルギーが変化するのと同時に人々の役割使命も変化していきます。一つのことに執着している時代ではないのです。

２０１９年10月30日

☉

第二十七帖（一六四）

天地《てんち》には天地の、国には国の、ビックリ箱開《あ》くのざぞ、ビックリ箱開いたら臣民みな思いが違っていることわかるのぞ、早う洗濯した人からわかるのぞ、ビックリ箱開くと、☉の規則通りに何もかもせねばならんのぞ、目あけておれん人出来るぞ、☉の規則は日本も支那もインドもメリカもキリスもオロシヤもないのざぞ、一つにして規則通りが出来るのざから、今に敵か味方かわからんことになりて来るのざぞ。学の世はもう済みたのぞ、日に日に神力現れるぞ、一息入れる間もないのぞ。ドシドシ事を運ぶから遅れんように、取り違いせんように、慌てぬようにしてくれよ。神々様もえらい心配なされてござる方あるが、仕組はりゅうりゅう、仕上げ見て下されよ。旧九月になればこの神示に代わりて天のひつくの神の御神示《おんふで》出すぞ、初めの役員それまでに引き寄せるぞ、八分通り引き寄せたなれど、あと二分通りの御役の者引き寄せるぞ。遅し早しはあるなれど、神の申したこと一厘も違わんぞ、二三《ふみ》は晴れたり日本晴れ、おけ、十月の四日、ひつ九のか三、二三《ふみ》。

【ひふみ神示　宇宙訳】

天地には、天地の、国には国の岩戸が開くのです。岩戸が開く、ということは、真実が明らかになるということなのです。真実が明らかになると、多くの人々が驚くでしょう。

エゴをエゴと見破り、魂に従って清らかな志で存在する生き方を実施した人から、岩戸開きが開始するでしょう。岩戸が開くと、宇宙の法則に従って、ご自分が私（マスタークリエイター）と約束した役割使命通りに何もかも実践することになるでしょう。

宇宙の法則は、日本、中国、アメリカ、イギリス、ロシア、などの国々での違いは全く存在しないのです。

宇宙の法則は、シンプルであり、国による違いはないので、ひとつの法則なのです。

新時代には、敵も味方も存在しなくなるでしょう。

知識の時代は、もう終焉《しゅうえん》を迎えたのです。日々、宇宙のエネルギーがパワフルとなり、流れも急激な流れになるでしょう。

その流れに流されていると一息入れる間もなくなるでしょう。急激に地球上での出来事が進むのでエゴ、つまり、思考を使わず、損得勘定もせず、慌てず、流されましょう。

2019年9月末~11月初旬にかけて、新時代に必要なメッセージへと変化していくでしょう。

この地球を光へと導くためのリーダーとなる人々は、8割がた集まりましたが、あとの2割の人々を目覚めさせて行き、ここへ集まるように私(マスタークリエイター)が動きます。

急激にことが進むように感じるでしょうが、全ては上手くいっているのです。
宇宙は、寸分の違いもなく動くでしょう。冨士は晴れたり日本晴れ。

第二十八帖（一六五）

⦿の国には⦿の国のやり方、外国には外国のやり方あると申してあろうがな、戦もその通りぞ、⦿の国は⦿の国のやり方せねばならんのざぞ、外国のやり方真似《まね》ては外国強いのざぞ、戦するにも身魂磨き第一ぞ。一度に始末することは易《やす》いなれど、それでは⦿の国を一度は丸潰しにせねばならんから、待てるだけ待っているのざぞ、仲裁する国はなく、出かけた船はどちらも後へ引けん苦しいことになりて来るぞ、⦿気つけるぞ。十月六日、ひつくのか三。

【ひふみ神示　宇宙訳】

神の国には神の国のやり方、外国には外国のやり方があるのです。闘い方も同じなのです。神の国は、神の国のやり方をしないといけないのです。外国のやり方を真似てはいけません。闘う時にも身を磨く必要があり、魂を磨く必要があるのです。一度にこの地球全体を清算することは簡単なことなのですが、そうすると神の国も全部潰すことになるので、神の国としての本質を取り戻すことを待っているのです。

このままでは、神の国として、地球での役割使命を果たせずに消滅することになるでしょう。

2022年5月22日

第二十九帖（一六六）

天明は神示《ふで》書かす御役ぞ、蔭の役ぞ、この神示はアとヤとワのつく役

員から出すのぞ、表ぞ。旧九月までにはその御方お揃いぞ、ヵのつく役員裏なり、タのつく役員表なり、裏表あると申してあろうがな、コトが大切ぞ、コトによりて伝えるのが◉は嬉しきぞよ、文字は次ぞ、このことよく心得よ。

天の異変は人の異変ぞ、一時は神示も出んことあるぞ、神示読んでくれよ、神示読まないで臣民勝手に智恵絞りても何にもならんと申してあろうがな、◉にくどう申さすことは◉国の臣民の恥ぞ。神示は要らぬのがまことの臣民ぞ、◉それぞれにわたりたら神示要らぬのざぞ、それが神世《かみよ》の姿ぞ。

上《かみ》に立つ人にこの神示わかるようにしてくれよ、国は国の、団体《まどい》は団体の上《かみ》の人に早う知らしてくれよ。アとヤとワから表に出すと上《うえ》の人も耳傾けるのざぞ。アとはアイウエオぞ、ヤもワも同様ぞ、ヵは裏ぞ、タは表ぞ、サとナとハとマとまつわりてくれよ、ゥは別の御役ぞ、御役に上下《うえした》ないぞ、みなそれぞれ貴い御役ぞ。この神示、『上《うえ》つ巻』と

『下《しも》つ巻』まず読みてくれよ、肚に入れてから神集《かむつど》うのぞ、神は急《せ》けるぞ。山の津波に気つけよ、十月の七日、ひつ九のか三。

【ひふみ神示　宇宙訳】

岡本天明氏は、神示を書かせる役割であり、蔭の役割なのです。この神示は、「あ」「や」「わ」のつく人が世に広める役割があります。その人は、表に出る人です。旧暦の9月までには（新暦では、9月20日ころから11月10日ころ）その役割使命を持った人々があなたのところに集まってくるでしょう。あなたは、その人々を見分ける天命があるのです。

「か」の付く役員は裏方なのです。

「た」が付く役員は表に出て行く役割があります。

表に出ていく役割使命の人と裏方でそれを支える人がいるのです。

人々の体験を通して人々へ伝わっていくことがとても大切なのです。それが新時代に必要なのです。

文字は、人々の心には残らず通過するのです。そのことをよく心得ておく必要があります。

天が異変しているということは、人々の波動の荒さが影響しているのです。

一時期は、神示を出さずにいることが必要な時がありますが、この神示を読まずに人々の智慧《ちえ》を絞っても宇宙の叡智には到達しないのです。

やがては宇宙と共鳴し、本当の新時代のリーダーは、この神示を必要としなくなるでしょう。

それぞれの人々が宇宙と共鳴した姿がこの地球が光へとなっている状態なのです。上に立つ人にこの宇宙の法則が書かれている神示をわかるように伝えていきましょう。

国は国の、団体は団体のリーダーが宇宙の法則を知り、実践することが最も重要なことなのです。「あ」「や」「わ」の人を表に出して、活躍させると上が聴く耳をもってくるでしょう。この神示が必要なくなることが真実の宇宙の法則が浸透したことになるのです。

◉

役割に上も下もないのです。みんなそれぞれとても重要な役割を担《にな》ってこの地球に降りてきているのです。

この神示の上つ巻と下つ巻をまず読み、腑に落としてみましょう。

宇宙の法則を実践し、覚悟した者たちを自然と宇宙がサポートするでしょう。

傲慢になった人々のエネルギーには、気を付けていきましょう。

2019年11月14日

第三十帖（一六七）

一度に立て替えすると世界が大変が起こるから、延ばし延ばしているのざぞ、目覚めぬと末代の気の毒できるぞ。国取られた臣民、どんなにむごいことになりても何も言うこと出来ず、同じ◉の子でありながらあまりにもひどいやり方、ケダモノよりもむごいことになるのが、よくわかりているから、◉が表に出て世界中救うのであるぞ、この神示肚に入れると◉力《しんりき》出るのざぞ、疑う臣民沢山あるが気の毒ざぞ。一通りは嫌がる臣民にもこの神示一二三《ひふみ》として読むように、上《うえ》の人、してやりて下されよ。

生命《いのち》あるうちに◉の国のこと知らずに、死んでから◉の国に行くことは出来んぞ、◉の力でないと、もう世の中はどうにも動かんようになっていること、上の番頭殿わかりておろうがな、どうにもならんと知りつつ、まだ智や学ばかりに縋《すが》りておるようでは上の人とは申されんぞ、智や学超えて◉の力にまつわれよ、飛行機でも飛行機にまつわれば命《いのち》通うのざぞ、お土拝みて米作る百姓さんが◉のまことの民ぞ、カミ拝《おろが》みて神示とれよ、神のない世とだんだんなりておろがな。まつることは生かすことぞ。生かすことは能《はたら》かすことぞ。◉の国には何でもないもののないのざぞ、◉の御用ならば何でも出て来る結構な国ざぞ、何もなくなるのはやり方悪いのぞ、◉の心に副《そ》はんのぞ。十月七日、一二◉。

【ひふみ神示　宇宙訳】

一度に世の中の建て替えがあると大きな変化となり、大混乱が起こるので、先に延ばして延ばしているのです。宇宙意識の覚醒をするときは、今なのです。

このまま地球の法則を信じて生きてるとご自分らしさを失い、私（マスタークリエイター）との約束を果たすまでに至らないでしょう。

このひふみ神示は、つまり、真の宇宙の法則を伝えているのです。宇宙の法則に則って生きることで宇宙がその人を全力でサポートを開始するでしょう。

地球の法則を信じ切り、宇宙の法則を疑う人々はまだまだ多いでしょう。しかし、この神示を「ひふみ」として読むように、つまり、人間としての基礎の生き方として伝えて行きましょう。

生命があるうちに神の国つまり、日本の役割、日本人の役割使命を知ろうとせず、宇宙に還ってから神の国に行くことはできないのです。

もう宇宙の流れに則って生きることが必然となっている時が来ているのです。

そのことは、多くの国を動かしている人々にはわかりつつあるでしょう。「智」や「学」にまだ、頼っている人は、この国を動かしていく人とは、もう言えないでしょう。「智」や「学」を超えているのが宇宙の叡智なのです。

宇宙の法則を感じて、それに則って生きるのが、本来のあなた方の生き方なのです。

真に通じる生き方、その生き方は、宇宙で私（マスタークリエイター）と約束した地球での役割使命で働くことなのです。この地球で存在している全ての人々に役割使命があるのです。

役割使命を果たすためならば、宇宙からの無限のサポートがあるのが真実なのです。

どんどん衰退していっているのであれば、それは、役割使命ではなかったり、やり方が違っているのです。

宇宙の法則に則っていない、という証拠なのです。

２０１９年11月21日

⦿

第三十一帖（一六八）

この神示読ますようにするのが役員の務めでないか、役員さえ読んではいないではないか。神示に一二三《ひふみ》つけたもの、まず大番頭《おおばんとう》、中番頭、小番頭殿に読ましてくれよ、道さえつければ読むぞ、肚に入るものと入らぬものとはあるなれど、読ますだけは読ませてやるのが役員の務めでないか。旧九月になったら忙しくなるから、それまでに用意しておかんと悔しさが出るぞよ。いざとなりて地団駄《じたんだ》踏んでも間に合わんぞ。餅搗《もちつ》くには搗く時あるのざぞ、それで縁ある人を引き寄せているのざぞ、⦿は急けるのぞ。十月の七日、ひつ九のか三、いそぐ。

【ひふみ神示 宇宙訳】

この神示を多くの人々に広めるのが役員の役割・使命であるのにもかかわら

ず、役員であるあなた方も本当の意味で読めていない、魂に落とし込んでいないではないですか。

このひふみ神示をリーダーである人々にまず読ませてあげましょう。読むことができるように導いてあげれば読むことは読むでしょう。その内容が、その人々の肚に落とし込むことができる内容とできない内容があるでしょうが、導いてあげるのが役員の役割・使命なのです。

２０２２年９月末から10月末になったら忙しくなるから、それまでに用意しておかないと後悔するでしょう。いざとなって、地団駄《じだんだ》踏んでも間に合わないのです。全てに於いてもタイミングがあるのです。この神示を読む必要のある人々を引き寄せているのです。役割・使命を実践するトキなのです。

２０２２年５月22日

⦿

第三十二帖（一六九）

仕組通りが出て来るのざが、大難を小難にすること出来るのざぞ。⦿も泥海《どろうみ》は真《ま》っ平《ぴら》ぞ、臣民喜ぶほど⦿嬉しきことないのざぞ、曇りておれど元は⦿の息入れた臣民ぞ、打つ手あるのぞ。番頭殿、役員殿、フンドシ締めよ。十月の七日、ひつ九のか三。

【ひふみ神示　宇宙訳】

宇宙の法則に則って地球も動いているのですが、大難を小難にすることもできるのです。

あなた方は、私（マスタークリエイター）が生み出した存在なのです。

あなた方が、喜ぶほど宇宙が拡大していくのです。あなた方は、宇宙の拡大に貢献することも役割使命の一つなのです。

それを忘れて、エゴにはしっている人々が非常に多いのですが、その人々もみなさん私（マスタークリエイター）の分身なのです。その分身から発する波動の影響を宇宙も地球も受けているのです。

宇宙の法則を伝えていくリーダーの人々は、今一度、初心に還って宇宙の法則を多くの人々へ伝えて行きましょう。

今の時代に相応《ふさわ》しい伝え方をあなた方に伝えましょう。

まず、あなたが実践して行きましょう。
※あなた＝宇咲愛です。
２０１９年11月28日

第三十三帖（一七〇）

江戸の仕組済みたら尾張の仕組にかからすぞ。その前に仕組む所あるなれど、今では成就せんから、その時は言葉で知らすぞ。宝持ち腐りにしてくれるなよ、猫に小判になりてくれるなよ。天地一度に変わると申してあること近づいたぞ、世は持ちきりにはさせんぞよ、息吹《いぶき》払いて論《ろん》なくするぞ、コトなくするぞ、物言われん時来るぞ、臣民見当とれんことと申してあろうが、上《うえ》の人辛くなるぞ、頑張りてくれよ。
十月八日、ひつ九のか三。

【ひふみ神示 宇宙訳】

宇宙の法則の幹の部分を伝えたのち、枝葉の法則、つまり、あなた方の生活の中で宇宙の法則を実際にどのように捉え、どのように実践していくのか？どうすれば、宇宙のサポートを受けることができるのか？

ご自分の都合の良い様に受け止めて実践している気もちになるのではなく、宇宙の法則に沿った生き方は、あなたがたには、とても勇気が必要なことなのかもしれません。

天地が一度に変化するトキが近づきました。

今の世の常識は、保つことがないでしょう。不必要なバイオリズムが無くなると共に、思考を論じる必要がなくなるのです。

物質や言葉というもののとらえ方や価値観が変化するでしょう。

いよいよ、今までの世界の常識では、通用しなくなってくるでしょう。

どのような世界が実現していくのか？　理解しようとせず、感性を磨いて流されて行くことが必要となるでしょう。

2019年12月5日

第三十四帖（一七一）

◉は言葉ぞ、言葉とはまことぞ、息吹ぞ、道ぞ、まこととは、まつり合わした息吹ぞ、言葉で天地濁るぞ、言葉で天地澄むぞ、戦なくなるぞ、神国《かみくに》になるぞ、言葉ほど結構な恐いものないぞ。十月十日、あの一二のか三。

【ひふみ神示　宇宙訳】

神とは、「光」そのものです。光は、粒と波でできています。粒とは、あなた方が住む世界では「言葉」。

そして、その言葉から発する音が「波」となるのです。

粒と波が揃って、息吹となり、あなた方の魂が望む道なのです。

真実とは、「心で思うこと」「声に出すこと」「行動」これが一致して息吹となるのです。

どの様な言葉を発するか？　で、天地の波動が乱れたり、清らかに澄んだ波動となり得るのです。

真実の言葉を交わすことで「戦い」は無くなります。真実の「神の国」となります。

「言葉」から発する波動で、様々な変化を成し遂げるでしょう。

２０１９年12月12日

第三十五帖（一七二）

日本の国はこの方の肉体であるぞ。国土《くにつち》拝《おろが》めと申してあろうがな、日本は国が小さいから、一握りに握りつぶして喰うつもりで攻めて来ているなれど、この小さい国が、喉《のど》につかえてどうにも苦しくて堪忍してくれというように、とことんの時になりたら改心せねばならんことになるのぞ。外国人もみな神の子ざから、一人残らずに助けたいのがこの方の願いと申してあろうがな、今に日本の国の光出るぞ、その時になりて改心出来ておらぬ臣民は、苦しくて日本のお土の上におれんようになってくるのぞ。自分から外国行きとなるのざぞ。魂《たま》のままの国に住むようになるのぞ。

南の島に埋めてある宝を御用に使う時近づいたぞ。お土の上がり下がりある時近づいたぞ。人の手柄で栄燿《えいよう》している臣民、もはや借銭なし

⦿

の時となりたのぞ、改心第一ぞ。世界に変わりたことは皆この方の仕組の節々ざから、身魂磨いたらわかるから、早う身魂磨いて下されよ。身魂磨くにはまつりせねばならんぞ、まつりはまつろうことぞと申して説いてきかすと、⦿祀りはしないでいる臣民おるが、⦿祀り元ぞ、⦿迎えねばならんぞ、取り違いと天狗が一番恐いのざぞ、千刃《せんじん》の谷へポンと落ちるぞ。

⦿の規則は恐いぞ、隠し立ては出来んぞ、何もかも帳面に記してあるのざぞ、借銭なしで裁きの時になっているのざぞ、神の国に借銭ある臣民はどんな偉い人でも、それだけに苦しむぞ、家は家の、国は国の借銭なしが始まっているのぞ、済ましたら気楽な世になるのぞ、世界の大晦日《おおみそか》ぞ、晦日は闇と決まっているであろうがな。借り返すとき辛いなれど、返したあとの晴れた気持ち良いであろうが、昔からの借銭ざから、素直に苦しみこらえて⦿の申すこと、さすことに従って、日本は日本のやり方に返してくれよ、番頭殿、下《しも》にいる臣民殿、国々の守護神殿、外国の神々様、臣民殿、卍（仏）も十（キリスト）も九（何もかも？）もみな聞いてくれよ、その国その民のやり方伝えてあろうがな、九十に気つけて用意してくれよ。十月十日、ひつ九のか三。

【ひふみ神示　宇宙訳】

日本の国は、私（マスタークリエイター）の肉体と言っても過言ではありません。

あなた方が、日本の国土を拝《おが》むのです。この国は小さいので一握りで握りつぶして喰うつもりで攻めてくるのですが、この小さな国が、のどにつかえてどうにもこうにも苦しくて堪忍してくれとことん行けば改心しなければならないようになるのです。外国人もすべて神の子なので、一人残らず助けたいのです。

今に日本の国の光が出現するでしょう。その時になって改心できていない臣民は、苦しくて日本の国の上に居ることができないようになるでしょう。南の島に埋めてある宝を御用に使う時が近づいて来ました。土地が埋没したり、盛り上がったりする時がやってきました。

他人の手柄で高い地位につき富んで勢力がついている臣民は、もはや等身大に戻る時がきたでしょう。改心第一なのです。

世界が変化していくことは、宇宙計画でもあります。身も心も磨いていくことでわかっていくことが増えるでしょう。はやく身も心も磨いていきましょう。

身も魂も磨くには、祀りをしないといけないでしょう。まつりとは、祀らうことです。

神を祀《まつ》ることが基本なのです。神を迎えることが大切です。取り違えと天狗が一番怖いのです。千仞《せんじん》の谷へポンと堕《お》ちるでしょう。実践していない人にとっては、宇宙の法則は、厳しく怖いものなのです。隠し立ては、一切できないのです。何もかもが宇宙でキャッチされ記録されているのです。神の国に負のエネルギーを発している人は、地球的にどんなに偉くても、それだけに苦しむでしょう。家は家の、国は国の借金を清算することが開始しているのです。

清算を済ませたら気楽な世になるでしょう。世界の大晦日《おおみそか》、晦日《みそか》は闇と決まっているのです。負の波動の借りを返すときはつらいかもしれませんが、返したあとははれた気持ち良い状態になるでしょう。昔からの負の波動ですから、素直に苦しみこらえて宇宙が伝えること、今の環境に従って、日本は日本のやり方で返しましょう。

２０２２年４月12日

第三十六帖（一七三）

富士は晴れたり日本晴れ、てんし様が富士から世界中に稜威《みいづ》される時近づいたぞ。富士はヒの山、日の本の山で、汚してならん御山ざから、人民登れんようになるぞ、神の臣民と獣と立て別けると申してあろうが、世のさま見て早う改心して、身魂洗濯致して◉の御用つとめてくれよ。大き声せんでも静かに一言いえばわかる臣民、一言えば十知る臣民でないと、まことの御用はつとまらんぞ、今にだんだんにせまりて来ると、この方の神示あてにならん、騙されていたと申す人も出て来るぞ、よくこの神示読んで神の仕組、心に入れて、息吹として言葉として世界浄《きよ》めてくれよ。わからんと申すのは神示読んでいないしるしぞ、身魂芯から光り出したら、人も⦿も同じことになるのぞ、それがまことの臣民と申してあろうがな。

山から野《ぬ》から川から海から何が起こっても神は知らんぞ、みな臣民の心からぞ、改心せよ、掃除せよ、洗濯せよ、雲霧《くもきり》払いてくれよ、御光出ぬようにしていてそれでよいのか、気つかんと痛い目に遭《あ》うのざぞ、誰れ彼れの別ないと申してあろうがな。いずれは天のひつくの神様、御《おん》憑《か》かりになるぞ、遅し早しはあるぞ、この神様の御神示は烈しきぞ、早う身魂磨かねば、御憑かり遅いのざぞ、よくとことん掃除せねば御憑かり難しいぞ、役員も気つけてくれよ、御役ご苦労ぞ、その代わり御役済みたら富士晴れるぞ。十月十一日、一二か三。

【ひふみ神示　宇宙訳】

冨士は晴れたり、日本晴れ。冨士は、日本を代表するといっても過言ではないエネルギーを表現しているのです。日本の国民が発する波動により、変化するのです。

私（マスタークリエイター）との約束を実践する人、そうでない人がどのエネルギー体なのか、宇宙に伝わっています。

宇宙から強引に手放すことを判らせることなく、自らが気づき手放すことができている人、ほんの些細な地球的な現象で多くのことを読み取り、自らの行き先に向かって流されている現状が必要なのです。

今後ますます、真の宇宙の法則が必要になってきています。腑に落とし、呼吸するように真の宇宙の法則を生きる必要があります。

あなたが光り輝くことで、世界が光り輝きだすのです。そうなるとあなた自身が光の存在として地球上で肉体を持ちながら生きて行くのです。それが、私

（マスタークリエイター）との約束を果たしている姿と言えるでしょう。

天変地異は、全てこの地球に住んでいる人の波動で起こるのです。宇宙は、一切かかわりがありません。

光り輝くことを躊躇《ちゅうちょ》している時期ではありません。

光り輝くことに、だれかれという区別は存在していません。全て、同じ状況なのです。

気が付いて、そして、生き方を変え、宇宙を信じ、自らの光を信じ、私（マスタークリエイター）との約束を実践していくことこそが最も必要な時となりました。

あなた方が実践することでこの地球が光り輝くのです。そして、富士は晴れたり日本晴れが蘇《よみがえ》るでしょう。

2019年12月19日

第十九巻　まつりの巻

第二十三帖（四二七）

悪が善に立ち返りて弥栄なるように、取り違えなきよう祀りくれよ、御用大切ぞ。八月三十一日、一二⦿

記：1946年8月30日

【ひふみ神示　宇宙訳】

闇やブラックの波動を発信し続けているエネルギー体たちが、光を見直し、光に向かって進めるように取違いの無い様に、社会を進めて行ってください。

あなたがたの役割使命は、とても重要なのです。

2021年5月6日

五十黙示録　第七巻　五葉之巻

第十四帖

一升枡《しょうます》には一升入ると思っているなれど、一升入れるとこぼれるのであるぞ、腹一杯食べてはならん、死に行く道ぞ、二分をまず神に捧げよ。流行病は邪霊集団の仕業《しわざ》、今にわからん病《やまい》、世界中の病はげしくなるぞ。

記：1961年9月1日

【ひふみ神示　宇宙訳】

あなた方の欲望を見直す必要があります。今のご自分自身には、不足しているものがある、足りない、という欲望です。その欲望は、豊かさの逆の波動となります。その種類は、様々存在するでしょう。その欲望を満たそうとすることであなたの魂から遠のいていくことを意味しているのです。それは、あなた以外とあなたを比較してジャッジすることからスタートしています。あの人には、あるけれど、自分には、不足している、といった波動がそれに値します。常にご自分に意識を集中させましょう。現在の世界中に拡大している流行り病は、波動が荒い存在から発せられています。それは、不足している、という波動が集合したものと同じ波動なのです。

2020年6月4日

第十五帖

今に大き呼吸《いき》も出来んことになると知らせてあろうが、その時来たぞ、岩戸が開けるということは、半分のところは天界となることぢゃ、天界の半分は地となることぢゃ、今の肉体、今の想念、今の宗教、今の科学のままでは岩戸は開けんぞ、今の肉体のままでは、人民生きては行けんぞ、一度は仮死の状態にして魂も肉体も、半分のところは入れ替えて、ミロクの世の人民として甦らす仕組、心得なされよ、神様でさえ、このことわからん御方あるぞ、大地も転位、天も転位するぞ。

記：1961年9月1日

【ひふみ神示　宇宙訳】

新時代には、あなた方個人の岩戸開きとなるでしょう。その岩戸を開くということは、あなた方と宇宙が共鳴し、そして、あなた方と地球が共鳴することなのです。

第十六帖

マコトでもって洗濯すれば霊化される、半霊半物質の世界に移行する

のであるから、半霊半物の肉体とならねばならん、今のやり方ではどうにもならなくなるぞ、今の世は灰にするより他に方法のない所が沢山あるぞ、灰になる肉体であってはならん、原爆も水爆もビクともしない肉体となれるのであるぞ、今の物質でつくった何ものにも影響されない新しき生命が生まれつつあるのぞ。岩戸開きとはこのことであるぞ、少しくらいは人民つらいであろうなれど、勇んでやりて下されよ、大弥栄の仕組。

記：1961年9月1日

【ひふみ神示　宇宙訳】

真の宇宙の法則を実践して進むことであなた方の周波数が大変細やかになるでしょう。

あなた方が故意に波動のエネルギーで物質化していく世界に移行していくのですからあなた方の肉体もその世界に見合う肉体になる必要があるのです。

今のやり方では、そのような変化は困難でしょう。

今の世は、破壊していくよりほか方法がないところがたくさんあるのです。灰になっていく肉体では、新時代に通用しないのです。原爆も水爆もびくともしない肉体になることが可能なのです。

今の物質でつくった何ものにも影響されない新しい生命が生まれつつあるのです。

岩戸開きとは、このことをさすのです。

少しあなた方には、辛《つら》い試練の体験をするかもしれませんが、その新しい物事にチャレンジして行きましょう。

そこには、あなた方の栄光があり、あなた方の心がいつも宇宙空間と共鳴することになるでしょう。

2021年5月13日

五十黙示録　五葉之巻　補巻　紫金之巻

第四帖

豊栄に栄り出《い》でます大地《くに》の太神。大掃除はげしくなると世界の人民皆、仮死の状態となるのぢゃ、掃除が終わってから因縁のミタマのみを神がつまみあげて、息吹きかえしてミロクの世の人民と致すのぢゃ、因縁のミタマには⦿《かみ》のしるしがつけてあるぞ、仏教によるもののみ救われると思ってはならんぞ、キリストによるもののみ救われると思ってはならん、神道によるもののみ救われると思ってはならん、アラーの神によるもののみ救われるのでないぞ、その他諸々の神、それぞれの神によるもののみ救われるのではないぞ、何もかも皆救われるのぢゃ、生かすことが救うこととなる場合と、殺すことが救うことになる場合はあるなれど。
記：1961年（記述日不明）

【ひふみ神示　宇宙訳】

豊かに栄えるために大地から湧き出でてくる光の存在、それが、マザーアースのエネルギーなのです。

そのエネルギーが出現してきたトキ、光の地球になるのに妨げとなる人々は、一旦活動が休止し世界中の大掃除が激しくなるでしょう。

掃除が終わってから因縁のミタマを引き上げてそもそもの役割使命へ移行させて、弥勒《みろく》の世の人民にする予定なのです。

因縁のミタマには、ある印がついています。そもそもは、因縁ミタマになる魂には、人格も霊格も高いのですが、将来、宇宙の計画を実行する者となるために苦労する人生を歩んでいるのです。そのため因縁ミタマは神示を読んで役員となり、改心することで1人につき1千人を救うことになるのです。

それは、仏教によるもののみ救われるのでもなく、キリストによるもののみ救われるのでもなく、神道によるもののみでもなく、アラーの神でも、その他、諸々の神やそれぞれの神によるもののみ救われるのでもないのです。何もかも全てが救われるのです。その魂を生かすことが救うことになる場合と殺すことが救うことになる場合があるのです。

2021年5月20日

第五帖

岩戸ひらき御禱《みほぎ》の神宝《たから》たてまつらまし。月は赤くなるぞ、日は黒くなるぞ、空は血の色となるぞ、流れも血ぢゃ、人民四ツン這《ば》いやら、逆立ちやら、ノタウチに、一時はなるのであるぞ、大地震、火の雨降らしての大洗濯であるから、一人逃れようとて、神でも逃れることは出来んぞ、天地まぜまぜとなるのぞ、引っくり返るのぞ。

【ひふみ神示　宇宙訳】

新しい時代がひらき、宇宙にゆだねた魂はいよいよ輝きだします。

女性の時代へと移行し、物質的な社会は崩壊し目に見えない世界が訪れるでしょう。

その移行期には、権威や権力を持っている人々はより大きな支配下におかれ生死をさまようでしょう。

その流れから、物質的な思考社会に存在する人々は、一時嘆き苦しみ、のたうち回ることになるでしょう。

大地震や噴火によりたくさんの生命も危機に陥るでしょう。

神であろうと逃れられない、世界の大改革が行われるのです。

天地がひっくり返るほどの大きな変化となることでしょう。

２０２２年３月２日

第七帖

太祝詞《ふとのりと》のりのり祈らば岩戸ひらけん。神は一時は仏とも現れたと申してありたが、仏ではもう治まらん、岩戸が開けたのであるから、蓮華《れんげ》ではならん。人民も改心しなければ、地の下に沈むことになるぞ、神が沈めるのではない、人民が自分で沈むのであるぞ、人民の心によって明るい天国への道が暗く見え、暗い地の中への道が明るく見えるのであるぞ、珍らしきこと珍らしき人が現れてくるぞ、ビックリ、ひっくり返らんように気つけてくれよ、目の玉飛び出すぞ、たとえでないぞ。

【ひふみ神示　宇宙訳】

宇宙へゆだねきり実践しなければあなた方の能力を開くことは、難しいでしょう。

今や仏教の時代は終焉《しゅうえん》を迎え、新時代となったのです。宗教では、おさまらない時代となったのです。「南無妙法蓮華経《なむみょうほうれんげきょう》」では、いけないのです。人々も改心しなければ、地の下に沈むことになるでしょう。宇宙がそうするのではありません。人々が自ら沈んでいくのです。沈んでいく人々は、光の世界が暗く見え、暗い波動の荒い世界が明るく見えるのです。珍しいこと珍しい人々が現れて、びっくりひっくり返らないように気を付けましょう。

表面的に繕《つくろ》っている人々の正体がどんどんと暴かれていくでしょう。目の玉が飛び出すほど驚くことになるでしょう。これは、たとえ話ではないのです。

2022年3月2日

第八帖

千引岩《ちびきいわ》今ぞあけたり爽《すが》し富士はも。神は宇宙をつくり給わずと申して

聞かせてあろうが、このことよく考えて、よく理解して下されよ、大切な分かれ道で御座るぞ。福祓いも併《あわ》せて行わねばならん道理。光は中からぢゃ、岩戸は中から開かれるのぢゃ、ウシトラが開かれてウシトラコンジンがお出ましぞ、もう邪《よこしま》のものの住む一寸の土地もなくなったのぞ。

【ひふみ神示　宇宙訳】

宇宙と地球との共鳴が実現し、爽やかで冨士もクリアになった。

神が宇宙を創造したのではありません。私（マスタークリエイター）が宇宙を創造したのです。この真実を理解することは、大切な分かれ道なのです。

光は、内側からしか開けることができないのです。

もう、邪な心を大切に持っている者が住む少しの土地もなくなったのです。

2022年4月12日

第九帖

新しき御代《みよ》のはじめの辰《たつ》の年、現《あ》れ出《い》でましぬかくれいし神。幽《かく》り世《よ》も顕《うつ》し御国《みくに》の一筋の光の国と咲き初《そ》めにけり。

記：1961年（記述日不明）

【ひふみ神示　宇宙訳】

新しい時代に入った、初めの「たつ」の年2024年に隠れていた神が現れて隠れている世界を表に出し、一筋の光の国が花開いていくでしょう。

2021年5月27日

第十帖

この巻、五葉《ごよう》の巻と申せよ、四つの花が五つに咲くのであるぞ、女松の五葉、男松の五葉、合わせて十葉と成り成り成りて笑《え》み栄《さか》ゆる仕組、十と一の実のり、二二《ふじ》と輝くぞ、日本晴れ近づいたぞ、あな爽々《すがすが》し、岩戸あけたり。国土をつくり固める為に、根本大神が何故にヌホコのみを与えたまいしか？　を知らねば、岩戸開きの秘密は解けんぞ。千《ち》引《びき》岩戸を開くことについて、神は今まで何も申さないでいたのであるなれど、時めぐり来て、その一端をこの神示で知らすのであるぞ、素《ス》盞鳴《サナル》の命《ミコト》のまことの御姿がわからねば次の世のことはわからんぞ、神《ふ》示《で》をいくら読んでも肝心《かんじん》要《かなめ》のことがわからねば何にもならんぞ。

記：1961年（記述日不明）

【ひふみ神示　宇宙訳】

お伝えしている内容は、あなた方が栄えていく内容なのです。女性も男性も笑顔で栄えていく仕組みであり、無限の世界に通じ、二つとないあなたとして輝くのです。あなた方が輝くことで大和の国、神の国の役割使命へと繫《つな》がっていくのです。

真の光輝く国土を創って固めていくためにわたし（マスタークリエイター）がなぜ珠《たま》で飾った鉾《ほこ》のみを与えたのか？

その意味を感じることがとても重要なのです。そこには、最終の岩戸を開くカギが存在しています。

あなた方の世界観の中で生と死の入り口を開くことについては、お伝えしませんでしたが、今のタイミングであなた方にお伝えするトキが来たようです。

光の地球へ導くためには、まず、その光を遮《さえぎ》る存在の真実をわかる必要があるのです。

光の邪魔をする存在の真実がわかるまでは光の地球のことはわからないでしょう。

この神示をいくら読んでも肝心かなめの存在を知ることがなによりも重要なことなのです。

２０２１年６月３日

第十一帖

何もかも前つ前つに知らしてあるのに、人民は先が見えんから、言葉のふくみがわからんから取り違いばかり、国土《くにつち》の上は国土の神が治《し》らすのぢゃ、世界の山も川も海も草木も動物虫けらも皆この方が道具に、数でつくったのぢゃ。いよいよが来たぞ、いよいよとは一四一四ぞ、五と五ぞ。十であるぞ、十一であるぞ、クニトコタチがクニヒロタチとなるぞ、クニは黄であるぞ、真中であるぞ、天は青であるぞ、黄と青と和合して緑、赤と和して橙となり、青と赤と和して紫となる、天上天下地下となり六色となり六変となり六合《くに》となるのぢゃ、さらに七となり八となり白黒を加えて十となる仕組、色霊《いろたま》結構致しくれよ。

記：１９６１年（記述日不明）

【ひふみ神示　宇宙訳】

何もかも事前に事前にみなさまにお伝えしていますが、そのメッセージの意味が多くの人々に伝わらないようで、取違いが多いようです。

地球上の土地も山も川も海も草木も動物や虫もわたし（マスタークリエイター）が創造したのです。

いよいよ、光の地球へと進む新時代の扉が開いたのです。

いよいよ、とは1　4　1　4　という数字になり、それを足すと5　と5　となり宇宙からのメッセージとして変化を伝えています。

そして、5と5を足すと十となり神を表わします。その次は、十一となり、スタート、始まりのメッセージなのです。

宇宙の叡智《えいち》は黄金なのです。宇宙のパワーは、青色で表します。黄金と青色が和合して、緑色となり、地球の自然を表わします。そして、人間のエゴは、赤色なのです。宇宙の叡智と人間のエゴが和合して橙色に変化するとは、人間が自分の魂と共鳴することを表わしています。

そして、宇宙のパワーである青と人間のエゴが和合すると神聖なエネルギー紫色に変化するのです。

宇宙と地球上とマザーアースが共鳴することによって、人間が神聖なる叡智を持つことになるのです。

それが、黄金色・青色・緑色・赤色・橙色・紫色の六色が和合している状態なのです。

人間が神聖なる宇宙の叡智を受け取り、使用することで七となり八となり、白という静寂と黒という光を遮るエネルギーとが合体したときに初めて、十という神の数字となり、光の地球となるのです。

黒は様々な色を加えることで黒ではなくなるのです。あなた方人間の魂の色も宇宙に於《お》いての役割使命によってさまざま存在しています。その魂を活用してこの地球を光に導いていきましょう。

２０２１年６月10日

⦿

第四巻　天つ巻

第一帖（一〇八）

富士は晴れたり日本晴れ、富士に御社《みやしろ》してこの世治めるぞ。五大州ひっくり返りているのが⦿には何より気に入らんぞ。一の大神様祀れ、二の大神様祀れよ、三の大神様祀れよ、天の御三体《ごさんたい》の大神様、地《ち》の御三体の大神様祀れよ、天から⦿⦿《かみがみ》様御降《おんくだ》りなされるぞ、地から御神々様お昇りなされるぞ、天の御神、地《つち》の御神、手を取りて、嬉し嬉しの御歌《おんうた》、うたわれるぞ。⦿の国は⦿の国、⦿の肉体ぞ、汚してならんとこぞ。八月の三十一日、一二のか三。

いよいよ、この地球を動かしている真理が明らかになってきています。真理がとても重要なのです。

アジア大陸、ヨーロッパ大陸、アフリカ大陸、アメリカ大陸、オーストラリア大陸がこの真理をおろそかに生きていることが混乱の世の現況なのです。今、宇宙始まって以来初めてのことが起きようとしているのです。光の存在たちが地球を人々をサポートしています。地球自体もあなた方がわたし（マスタークリエイター）と約束した役割使命を実現できるようにあなた方をサポートするでしょう。

真理を大切にすることで全てが整ってくるのです。全てが整う国を宇宙がサポートするでしょう。

5つの大陸から発する波動で大地や自然が動くのです。大陸の波動に最も影響を与えているのは、あなた方人間なのです。

2021年6月17日

◉

第二帖（一〇九）

これまでの改造は膏薬《こうやく》貼りざから、すぐ元にかえるのぞ。今度は今までにない、文《ふみ》にも口にも伝えてない改造ざから、臣民界のみでなく、神界も引っくるめて改造するのざから、この方《ほう》らでないと、そこらにござる守護神様にはわからんのぞ、九分九厘までは出来るなれど、ここというところで、オジャンになるであろうがな。富や金《きん》を返したばかりでは、今度は役に立たんぞ、戦《いくさ》ばかりでないぞ、天災ばかりでないぞ、上《うえ》も潰れるぞ、下《しも》も潰れるぞ、潰す役は誰でも出来るが、つくりかためのいよいよのことは、◉◉《かみがみ》様にもわかりてはおらんのざぞ。

星の国、星の臣民、今はえらい気張りようで、世界構うように申しているが、星ではダメだぞ、◉の御力でないと何も出来はせんぞ、八月三十一日、一二◉。

【ひふみ神示　宇宙訳】

今までの地球の改造は、対症療法のようなものであり根本的な改造ではありませんでした。そのため、改造してもすぐに元に戻ってしまうのです。今度は、今までにない、どこにも文章も口伝えでも伝えたことがない大改造なのです。

あなた方地球上の人間だけではなく、宇宙的にも関係するような大改造をするのです。

宇宙的な大改造ですから、宇宙的な周波数の細やかな存在でないとわからないでしょう。

宇宙レベルではない、存在でも99%までは改造は、可能でしょう。しかし、その次はできないので、大改造はできないのです。

全て、元に戻ってしまうでしょう。今までため込んだ富や金では役に立たないのです。戦争が起こるのでもなく天災によって改造されるのでもないのです。上も下もつぶれるでしょう。潰す役は、誰でもできるのです。

創り固める本質のことは、神々にもわかりかねているのです。

様々な星星からのメッセージが横行し、さも真実をつたえているかのように世界や社会がそれを取り上げているけれど、星では、改善はしないでしょう。

宇宙レベルの波動でないと何も改善しないのです。

２０２２１年６月24日

第三帖（一一〇）

一日の日の間にも天地ひっくり返ると申してあろがな、ビックリ箱が近づいたぞ、九、十に気付けと、くどう申してあろがな、⦿の申すこと一分一厘違わんぞ、違うことならこんなにくどうは申さんぞ、同じことばかり繰り返すと臣民申しているが、この方の申すことみな違っていることばかりぞ、同じこと申していると思うのは、身魂曇りている証拠ぞ。改心第一ぞ。八月三十一日、一二⦿。

【ひふみ神示　宇宙訳】

一日の中でも天と地がひっくり返るほどの変化があるでしょう。大きな変化をするときが近づいていています。物事が完成する直前、世の中が自然と、それでいて激しく変化している今この時に気づく必要があるのです。ひふみ神示に於《お》いて、わたし（マスタークリエイター）が何度もおつたえしておりますように、宇宙の法則では、点と点が結びつき線となり、線と線がつながり、平面となり、平面が立体になっていくようなものなのです。

現代社会で多くの人々に信頼され注目を浴びている人々が伝えていることは、真実とは、違っていることが多いのです。

それを信じてしまうのは、身も魂も曇っている証拠なのです。改心が第一となっている今なのです。

2021年7月1日

⦿

第四帖（一一一）

この方は元の肉体のままに生き通しであるから、天明にも見せなんだのざぞ、あちこちに人身《じんしん》の肉体かりて予言する⦿が沢山出てくるなれど、九分九厘はわかりておれども、とどめの最後はわからんから、この方に従いて御用せよと申しているのぞ。砂糖にたかる蟻となるなよ。百人千人の改心なれば、どんなにでも出来るなれど、今度は世界中、神々様も畜生も悪魔も餓鬼も外道も三千世界の大洗濯ざから、そんなチョロコイことではないのざぞ。ぶち壊し出来ても立て直しわかるまいがな。火と水で岩戸開くぞ、智恵や学でやると、グレンとひっくり返ると申しておいたが、そう言えば智恵や学は要らんと臣民早合点するが、智恵や学も要るのざぞ。悪も御役であるぞ、この道理よく肚《はら》に入れて下されよ。

天の⦿様、地に御降《おんお》りなされて、今度の大層な岩戸開きの指図なされるのざぞ、国々の⦿⦿《かみがみ》様、産土《うぶすな》様、力ある⦿⦿様にも御苦労になっているのざぞ。天照皇太神宮《てんしょうこうたいじんぐう》様はじめ神々様、篤《あつ》く祀りてくれと申してきかしてあろがな、⦿も仏《ほとけ》もキリストも元は一つぞよ。八月三十一日、ひつ九の⦿。

【ひふみ神示　宇宙訳】

私（マスタークリエイター）は、一度肉体を持って地球に降りてきたことがありますが、現在では、人間の肉体を借りてメッセージを伝えている光の存在たちが出現してきています。ほぼ99%は、伝えることができています。

しかしながら、最後に必要なことは、感じて実践することなのです。甘い言葉に群がるような存在にならないことが重要でしょう。

百人や千人の改心ならば簡単でしょうが、今度は、世界中の人間や神々も含め、動物のような道理を心得ない世界に住んでいて恥も外聞もない存在や悪魔や欲望の支配する世界に住んでいる存在も道理に背く考えを持っている存在、つまり、魂に背いて生きている存在たちも全宇宙を大洗濯をする時なのです。
そんなに生易しいことではないのです。崩壊することはできても建て直しをするには、魂に従って行動する以外にないのです。知恵や学問だけではできないのですが、知恵や学問が、まったく必要ないのではありません。

悪も役割があるのです。この道理を肝《きも》に銘《めい》じて進んでいきましょう。様々な光の存在たちや天照大神《あまてらすおおみかみ》はじめ、それぞれの女神やマスターたちの存在を大切にし一緒に協力して進んでください。

神も仏もキリストも元は一つなのです。

２０２１年７月８日

第五帖（一一二）

牛の食べ物食べると牛のようになるぞ、猿は猿、虎は虎となるのざぞ。
臣民の食べ物は決まっているのざぞ、いよいよとなりて何でも食べね

ばならぬようになりたら虎は虎となるぞ、獣と神とが分かれると申してあろがな、縁ある臣民に知らせておけよ、日本中に知らせておけよ、世界の臣民に知らせてやれよ。

獣の食い物食う時には、一度神に捧げてからにせよ、神から頂けよ、そうすれば神の食べ物となって、何食べても大丈夫になるのざ、何もかも神に捧げてからと申してあることの道理、よくわかりたであろがな、⦿に捧げきらぬと獣になるのぞ、⦿がするのではないぞ、自分がなるのぞと申してあることも、よくわかったであろがな、くどう申すぞ。

八から九から十から百から千から万から何が出るかわからんから、⦿に捧げな生きて行けんようになるのざが、悪魔に魅《み》入《い》られている人間いよいよ気の毒出来るのざぞ。八月の三十一日、ひつ九のか三。

【ひふみ神示　宇宙訳】

牛の食べ物を食べると牛の様になります。猿は猿、虎は虎になるでしょう。あなた方が食べる食べ物は、そもそも決まっていたのです。いよいよ、なんでも食べなければいけない時が来たならば、虎は虎になるでしょう。獣と光の存在が分かれていくのです。

あなた方にご縁がある人たちに伝えて言ってください。日本中に、世界中の人々に伝えていきましょう。

もしも、獣の食べ物を食べるときにには、一度、神に献上してからにしましょう。

そうすることで神の食べ物となって、何を食べても大丈夫になるのです。神に献上しなければ、獣になるでしょう。神がそうするのではなく、自分自身がそれを選ぶのです。

ミロクの世へ向かう途中、何が出てくるのかわからないので宇宙と共鳴していくことが必要なのですが、悪魔に魅入《みい》られている人間は、いよいよこの世の中では生き辛《づら》いことが、どんどん起こってくるでしょう。
２０２１年７月15日

第六帖（一一三）

天《あめ》は天の⦿、地《くに》は地の⦿が治《し》らすのであるぞ、お手伝いはあるなれど。秋の空のすがすがしさが、グレンと変るぞ、地獄に棲むもの地獄がよいのぞ、天国ざぞ。逆様はもう長ううは続かんぞ、無理通らぬ時世《ときよ》が来たぞ、いざとなりたら残らずの活神《いきがみ》様、御総出《おんそうで》ざぞ。九月の一日、ひつ九のか三。

【ひふみ神示 宇宙訳】
宇宙は、私（マスタークリエイター）が、地球は、マザーアースが治めています。

我々が、あなた方のサポートをしますが、実際に地球上で行動してくださるのは、あなた方なのです。

今年の秋には大きな変化が訪れるでしょう。

粗い波動と共鳴しやすい人は、粗い波動の世界に住むとよいでしょう。

粗い波動の人が現在は、支配コントロールを豊かな世界に住んでいるようですが、そのような逆さまなことは、長くは続かないでしょう。

無理矢理、逆さまを通すのはもう限界の時がきているのです。

いざとなったら、現在もなお、私（マスタークリエイター）との約束を実践しようと全力で向かっている人を光の存在たちが総出となって、全力でサポートを開始するでしょう。

2021年7月20日

第七帖（一一四）

富士は晴れたり日本晴れ、二本のお足であんよせよ、二本のお手々で働けよ、日本の神の御《おん》仕組、いつも二本となりてるぞ、一本足の案山《かか》子《し》さん、今更《いまさら》どうにもなるまいが、一本の手の臣民よ、それでは生きては行けまいが、一本足では立てないと、いうこと最早《もはや》わかったら、⦿が与えた二本足、日本のお土に立ちて見よ、二本のお手々打ち打ちて、⦿拝《おろが》めよ天地《あめつち》に、響くまことの拍手《かしわで》に、日本の国は晴れるぞよ、富士は晴れたり日本晴れ、富士は晴れたり、岩戸開けたり。九月一日、ひつ九か三。

【ひふみ神示　宇宙訳】

二つとない美しい大和の国を爽やかな空気で輝かしていきましょう。

二本の足で、つまり両輪で歩いて前へ進みましょう。二本の腕で、つまりお互いに補い合って役割使命を果たしていきましょう。

日本の神の仕組みは、常に二本なのです。一本足で生き続けようとしているあなたには、今更何をおつたえしても、その生き方を貫こうとされているでしょう。

しかし、そのままでは、本来の私「マスタークリエイター」と約束した役割使命は実践できないでしょう。

そのままでは、生きていけないとわかったのであれば、宇宙で約束してきた真の人生のパートナーと協力しあって、地球社会で役割使命をしっかり果たしていきましょう。

両方の手のひらを打ち合わせて、邪気を払い、宇宙の法則に従って生きる人生を歩みましょう。

あなた方の協力しあっている波動は宇宙に響くでしょう。

すると大和魂が復活し、日本の岩戸が開いていくでしょう。

２０２１年８月12日

第八帖（一一五）

嵐の中の捨《すて》小船《おぶね》と申してあるが、今その通りとなりておろうがな、どうすることも出来まいがな、船頭どの、苦しい時の⦿頼みでもよいぞ、⦿祀りてくれよ、⦿にまつわりてくれよ、⦿はそれを待っているのざぞ、それでもせぬよりはましぞ、そこに光現れるぞ。光現れると、道はハッキリとわかりて来るのぞ、この方にだまされたと思うて、言う通りにして見なされ、自分でもビックリするように結構が出来てるのにビックリするぞ。

富士の御《おん》山に腰かけて、この方世界中護《まも》るぞ。辛酉《かのととり》、結構な日と申してあるが、結構な日は恐い日であるぞ。天から人が降る、人が天に昇ること、昇り降《くだ》りで忙しくなるぞ。てんし様御遷《おうつ》り願う時近づいて来たぞよ。奥山に紅葉《もみじ》あるうちにと思えども、いつまでも紅葉ないぞ。

九月の二日、ひつ九⦿。

【ひふみ神示　宇宙訳】

現代社会は、正念場の時なのです。光の地球を目指す人々は、大海原《おおうなばら》に出航していくときなのです。

しかし、準備が整っていない人は、すでに捨て小舟のように、何を頼りに生きていいのかわからなくなっていることでしょう。

私（マスタークリエイター）が、その時その時に必要なメッセージをお伝えしておりました。

それが現実となっているだけなのです。

そうなっている人は、まるで捨て小舟の船頭のようなのです。

今は、とても苦しいときかもしれませんが正念場の今、宇宙にゆだねることから開始しましょう。

あなたが今、この地球に肉体をもって存在していること自体に感謝することです。

様々な光の活動をしている人を尊重するのです。

それを実践し宇宙や魂と共鳴した証《あかし》は、奇跡が起こってくるでしょう。光が現れるのです。光が現れるとあなたの生き方をどう改善すればよいのか？

はっきりとわかってくることでしょう。

今、捨て小舟の船頭になっている人は、今までの生き方を全否定することになるかもしれません。

しかし、それをする勇気が必要なのです。実践するしかないのです。

信じて実践することが今、とても必要な時なのです。

そうすることで今まであなたが体験したことがないような素晴らしい体験が開始されることでしょう。

２０２４年は、結構な年であり、２０２１年9月10日も結構な日とお伝えしていますが結構な日とは、今までのあなた方の生きてきた波動がはっきりと顕在化する時なのです。

あなたが何者なのか判明したり、人が天に還《かえ》ったり、生き死にがはっきりするでしょう。

天皇陛下は、現代社会が大きく移り変わることを願う時が近づいてくるでしょう。

あなたの中の光がいつか顕在化するであろうと高を括《くく》って、現《うつつ》を抜かしているとあなたの中の最も美しい光は、なくなるでしょう。

2021年8月19日

第九帖（一一六）

ひふみの秘密出でひらき鳴る、早く道展き成る、世ことごとにひらき、世、なる大道で、神ひらき、世に神々満ちひらく、この鳴り成る神、ひふみ出づ大道、人神出づはじめ。九月二日、ひつぐのかみ。

【ひふみ神示　宇宙訳】

『ひふみ』の真実、つまり、真実の宇宙の法則とはどのようなことを言うのか？

あなた方に今必要なことは何なのか？

この真実を解き明かし、世に公開することにより光の地球への道が開いていくのです。

するとあなた方の社会全体が発展へと開かれていき、宇宙計画に則《のっと》った、理想の世となる大道がひかられるでしょう。

するとあなた方の内に眠っていた神聖なあなたが開いていき、心豊かで、魂と直結した人々で動いていく社会がやってくるでしょう。

この成り鳴る神、今目覚めました。

目覚めた神々よ。
私（マスタークリエイター）と約束した大道を物質界的な視点を緩《ゆる》め、魂の思うがままに生ききる時が来ました。

すると人間の中からも神性が輝いてくるでしょう。

２０２1年8月26日
佐渡から新潟に向かうフェリーの中から

第十帖（一一七）

一二三《ひふみ》の裏に〇一二《ひふ》、三四五《みよいつ》の裏に二三四《ふみよ》、五六七《みろく》の裏に四五六《よいむ》、御用あるぞ。五六七《みろく》済んだら七八九《なやこ》ぞ、七八九の裏には六七八《むなや》あるぞ、八九十《やこと》の御用もあるぞ。だんだんに知らすから、これまでの神示《ふで》よく心に入れて、ジッとしておいてくれよ。九月の三日、ひつくのか三。

【ひふみ神示　宇宙訳】

宇宙の法則といっても地球に存在しているあなた方にふさわしいように伝えているのです。

宇宙の法則は、あなた方地球に存在していることで通じる内容です。

真実の宇宙の法則は、地球では通用しないでしょう。

通用しない、波動を追い求めても地球では、何の役にも立たないのです。

あなたは、そのことがわかってくるでしょう。

この神示を訳すのがあなたの役割であるからこそそのメッセージです。

今、地球に存在し肉体を持っている人々に「真実の人間」へと移行するようにあなたが導くのです。

それは、必要な時に伝えていきます（私は、立正安国論という名目で、とらえました）。

2021年9月2日

第十一帖（一一八）

この神示、言葉として読みて下されよ、神々様にも聞かせてくれよ、守護神どのにも聞かしてくれよ、守護神どのの改心まだまだであるぞ、一日《ひとひ》が一年になり、十年になり百年になると、目がまわりて真底からの改心でないとお役に立たんことになりて来るぞ。九月四日、一二か三。

【ひふみ神示　宇宙訳】

このひふみ神示を言葉の波動として感じてみましょう。
あなた自身の魂にも、この波動と共鳴させましょう。
あなたには、あなたの役割使命をサポートすると約束してきた人々が存在していますが、その人々の多くは、まだ目覚めていないのです。

改心し生き方を改めていません。

あなたはすでに一日が一年に値するほどの変化を、体験しているでしょう。

一日が一年と感じるほどの多くの変化がすでに起きているのです。

それが今後、一日が百年に値するほどのたくさんの変化が起きてくると目覚ましく変化するために、本当に真底から改心している人でないとあなたをサポートすることができないでしょう。

それは、その人の役割使命を果たすことができない、ということなのです。

2021年9月7日

第十二帖（一一九）

遠くて近きは男女《なんによ》だけでないぞ、◉と人、天と地、親と子、食べる物も遠くて近いがよいのざぞ、神粗末にすれば神に泣くぞ、土尊べば土が救ってくれるのぞ、尊ぶこと今の臣民忘れているぞ、⦿ばかり尊んでも何もならんぞ、何もかも尊べば何もかも味方ぞ、敵尊べば敵が敵でなくなるのぞ、この道理わかりたか、臣民には◯ゝと同じ分け御霊《みたま》授けてあるのざから、磨けば⦿になるのぞ。神示は謄写《とうしゃ》よいぞ、始めは五十八、次は三四三ぞ、よいな。八月の五日、ひつくのか三。

【ひふみ神示　宇宙訳】

遠く感じるけれど実際はとても近い存在は何も男女の間だけではないのです。

神と人、天と地、親と子、食べるものも遠くて近い感覚を持ちましょう。

あなた方のそばに居る人々は、光の魂の人その人を粗末にすれば人に泣くことになるでしょう。

土地を尊《とうと》べば土地に助けられるのです。

あなた方の多くは、尊ぶということを忘れているのです。

神ばかり尊んでも何にもなりません。

何もかも尊べば何もかもが味方になるのです。
敵を尊べば敵ではなくなるのです。
これが真の宇宙の法則なのです。
あなた方には、神のわけ御霊を授けているのですからそこを磨けば、神になるのです。
この真の宇宙の法則の実践者を拡大していくのです。
始めは58人、次は３４３人になるでしょう。
２０２１年９月９日

第十三帖（一二〇）

空に変わりたこと現れたなれば、地に変わりたことがあると心得よ、いよいよとなりて来ているのざぞ。⦿は元の大神様に延ばせるだけ延ばして頂き、一人でも臣民助けたいのでお願いしているのざが、もうおことわり申す術《すべ》なくなりたぞ。

玉串⦿に供えるのは衣《ころも》供えることぞ、衣とは⦿の衣のことぞ、⦿の衣とは人の肉体のことぞ。臣民を捧げることぞ、自分を捧げることぞ、この道理わかりたか。人に仕える時も同じことぞ、人を神として仕えねばならんぞ、神として仕えると神となるのぞ、ざからもてなしの物出す時は、祓い清めて⦿に供えると同様にしてくれよ。

食べ物今の半分で足りると申してあろが、神に捧げたものか、祓い清めて神に捧げると同様にすれば半分で足りるのぞ、天の異変気つけておれよ。⦿くどう気つけておくぞ。⦿世近づいたぞ。九月六日、一二のか三。

【ひふみ神示 宇宙訳】
空に変わったことが現れたならば地球上に変化があったととらえましょう。そうなった時は、いよいよ大きな変化が起こる前兆なのです。

宇宙的には、地球の人々が一人でも多く目醒《めざ》めて光に向かう人を助けたいと思っていましたが、もう、そのような時では無いのです。

自分が役割使命に生きる、という覚悟が必要なのです。

光の地球を目指しているリーダーをサポートする時は、そのリーダーを私（マスタークリエイター）だと思って支えることが必要なのです。

食べ物も半分で足りるようになるでしょう。

宇宙からのメッセージに意識を向けて実践しましょう。

宇宙の世が近づいて来たのです。

2021年9月16日

第十四帖（一二一）

海一つ越えて寒い国に、まことの宝隠してあるのざぞ、これがいよいよとなりたら、⊙が許してまことの臣民に手柄致さすぞ、外国人がい

⦿

くら逆立ちしても、⦿が隠してあるのざから手は着けられんぞ、世の元からのことであれど、いよいよが近くなりたから、この方の力で出して見せるぞ、ひつくのか三。ビックリ箱が開けて来るぞ。八月七日。

【ひふみ神示　宇宙訳】

海を一つ越えた寒い場所に真実の宝を隠してあるのです。

これから、本格的にすべてが崩壊し新しい世の中ができるときに、宇宙の采《さい》配《はい》の元、必要な人たちにそれを与えるでしょう。

わたし（マスタークリエイター）が隠しているのですから、不必要な人には渡らないでしょう。

新しい人類の創造の時、あなたが新しい人類の幸せの形を創造する役割使命があるのです。

その時が来たならば、わたし（マスタークリエイター）からあなたにヒントを伝えるでしょう。

2021年9月22日

第十五帖（一二二）

⦿の国には⦿の国のやり方あるぞ、支那には支那、オロシヤにはオロシヤ、それぞれにやり方違うのざぞ、教えもそれぞれに違っているのざぞ、元は一つであるなれど、⦿の教えが一等よいと申しても、そのままでは外国には通らんぞ、このことよく心にたたんでおいて、上に立つ役員どの気つけてくれよ、猫に小判何にもならんぞ、⦿の一度申した言葉、一分《いちぶ》も違わんぞ。八月七日、一二⦿。

【ひふみ神示 宇宙訳】

神の国には神の国のやり方があります。中国には中国の、ロシアにはロシア、それぞれにやり方が違うのです。

⦿

宇宙の法則の伝え方もそれぞれに違ってくるでしょう。

世界の各国は、元は一つであったのですが、宇宙と共鳴することが最も素晴らしいことなのだといっても、そのままでは、外国には通用しないのです。

このことを心に刻んでおいて、あなたやあなたと共に光の地球へ導くリーダーは、気を付けて進む必要があるのです。

それを心得ておかないと猫に小判になり、光の地球へは進まないでしょう。

宇宙は、少しの違いもなく進むのです。

2021年9月30日

第十六帖（一二三）

今度の戦《いくさ》済みたらてんし様が世界中治《しろ》しめして、外国には王はなくなるのざぞ。いったん戦《たたか》い収まりても、あとのゴタゴタなかなかに鎮まらんぞ、⦿の臣民ふんどし締めて、⦿の申すことよく肚に入れておいてくれよ、ゴタゴタ起りた時、どうしたらよいかということも、この神示よく読んでおけばわかるようにしてあるのざぞ。◉は天からと中《ちゅう》からと地からと力合わして、◉の臣民に手柄立てさすようにしてあるのざが、今では手柄立てさす、◉の御用に使う臣民一分もないのざぞ。◉の国が勝つばかりではないのざぞ、世界中の人も草も動物も助けて、みな喜ぶようにせならんのざから、臣民では見当取れん、永遠《とことわ》に続く◉世に致すのざから、素直に◉の申すこときくが一等ざぞ。

人間の智恵でやれるなら、やって見よれ。あちらへ外れ、こちらへ外れて、ぬらりくらりと鰻《うなぎ》つかみぞ、思うようにはなるまいがな、◉の国が元の国ざから、◉の国から改めるのざから、一番辛《つら》いことになるのざぞ、覚悟はよいか、腹さえ切れぬようなフナフナ腰で大番頭とは何ということぞ、てんし様は申すもかしこし、人民さま、犬猫にも済むまいぞ。人の力ばかりで戦しているのでないことくらいわかってお

⦿

ろうがな、目に見せてあろうがな、これでもわからんか。八月七日、一二⦿。

【ひふみ神示　宇宙訳】

今の世の混乱が過ぎ去ったら天皇が世界中に拡がり、外国に王は存在しなくなるのです。

一旦、混乱が収まったように見えても、そのあとには、現在にあるものがことごとく崩壊するでしょう。

私（マスタークリエイター）と約束した光の地球へ導くリーダーたちは、今一度しっかり肝《きも》に銘《めい》じて覚悟をしなおしましょう。すべてが崩壊したときに何をすればよいのかは、このひふみ神示を読んでいればわかるようになるでしょう。

私（マスタークリエイター）は、宇宙と地球と共鳴したエネルギーで、光の地球へ導くリーダーたちを全力でサポートするでしょう。

今はまだ、宇宙が全力でサポートする時期が来ていませんが、神の国だけが地球を収めるのではないのです。

地球上の人々も草も動物もすべてが喜ぶように導く必要があるのです。

光の地球へ導くリーダーの人智を超えた永遠の光の地球が実現するのですから、宇宙の法則に則《のっと》って流されていくことが重要なのです。

自分たちの考えた方向にいくと、違う道へ外れていき光の地球とは逆方向へ進んでしまうでしょう。

神の国が基本となるひな形の国なので、神の国、つまり、日本から改めていくのですから、崩壊は日本から起こっていくでしょう。捨て身にもなれない弱腰では、この新人類への道は乗り越えることはできないでしょう。

人間が、犬猫以下になるでしょう。

人間の戦略だけで地球が崩壊していくのではないのです。

この崩壊は、宇宙計画なのです。

光の地球へ移行するには、この崩壊が必須なのです。

⦿

2021年10月7日

第十七帖（一二四）

昔から生き通しの活神様のすることぞ、泥の海にするくらい朝飯前のことざが、それでは臣民が可哀そうなから、天の大神様にこの方が詫びして一日《ひとひ》一日と延ばしているのざぞ、その苦労もわからずに臣民勝手なことばかりしていると、⦿の堪忍袋切れたらどんなことあるかわからんぞ、米があると申して油断するでないぞ、いったんは天地へ引き上げぞ。八月七日、一二⦿。

【ひふみ神示 宇宙訳】

森羅万象《しんらばんしょう》すべてに神が宿っているのです。様々な神は、海を泥にするくらいは、朝飯前なのです。

そのようなことになれば、この地球を光に導く役割使命の人々が大変な思いをするので、私（マスタークリエイター）が、一日一日延ばしにしているのです。

しかし、あまりにも光の地球へ導く役割使命から遠のきエゴで生きていると一日一日延ばしにしていることがもう限界となってきています。

今の生活が安穏《あんのん》としているからと言って油断していると、その生活の安穏が一旦消滅するでしょう。

２０２１年10月21日

第十八帖（一二五）

いつも気付けてあることざが、⦿が人を使うているのざぞ、今度の戦で外国人にもよくわかって、⦿様にはかなわん、どうか言うこときくから、夜も昼もなく⦿に仕えるから許してくれと申すようになるのざぞ、それには⦿の臣民の身魂掃除せなならんのざぞ、くどいようなれど、一時《いちじ》も早く、一人でも多く、改心して下されよ、神は急ぐのざぞ。

八月の七日、一二の⦿。

【ひふみ神示 宇宙訳】

今までもあなた方には、改善するようにお伝えしてきましたが、あなた方地球人は、宇宙の法則の中で生きているのです。

様々な現象が起きて、大和魂を持っていない人々もそのことに気づいてくるでしょう。

そして、宇宙の法則に則って生き方を改善しようとしても、その時には、時を逸してしまっているのです。

宇宙に対して、謝罪をしても、気づいた時から波動を整えても、今までその人が発信してきた波動で既《すで》にその人の人生が決まっている場合もあるのです。

今、この瞬間に私（マスタークリエイター）とこの地球を光に導くことを約束して生きた人々の身も心も浄化する時なのです。

この瞬間に一人でも多く改心する必要があるのです。

２０２１年10月31日

第十九帖（一二六）

⦿の力がどんなにあるか、今度は一度は世界の臣民に見せてやらねば納まらんのざぞ、世界揺すぶりて知らせねばならんようになるなれど、少しでも弱く揺すりて済むようにしたいから、くどう気つけているのざぞ、ここまで世が迫りて来ているのぞ、まだ目醒めぬか、⦿はどうなっても知らんぞ、早く気付かぬと気の毒出来るぞ、その時には間に合わんぞ。八月七日、一二⦿。

【ひふみ神示　宇宙訳】

宇宙の法則が真実であることを一度は世界の光の地球へ導く役割のある人が体験することになるでしょう。

世界中が大きく揺さぶられることになるのですが、少しでも弱い揺さぶりで済むようになるには、あなた方が一人でも多く、宇宙の法則を実践する以外道は、ないのです。

そこまでその揺さぶりが迫ってきているのですから、目覚めて覚悟して実践していきましょう。

２０２１年10月21日

第二十帖（一二七）

◉の世と申すのは、今の臣民の思うているような世ではないぞ、金《きん》は要らぬのざぞ、お土からあがりたものが光りて来るのざぞ、衣類、食べ物、家倉《いえくら》まで変わるのざぞ。草木も喜ぶ政治と申してあろうがな、誰でもそれぞれに先のわかる世になるのぞ。お日様も、お月様も、海も山も野も光り輝くぞ、水晶のようになるのぞ。悪はどこにも隠れること出来んようになるのぞ、博打《ばくち》、娼妓《しょうぎ》は無く致すぞ。雨も要るだけ降らしてやるぞ、風もよきように吹かしてやるぞ、神を讃える声が天地に満ち満ちて、嬉し嬉しの世となるのざぞ。八月の七日、ひつ九のか三　ふで。

【ひふみ神示　宇宙訳】

光の地球とは、あなた方が予想しているような世の中になるのではありません。

現在の全てのものが変わるのです。

例えば、衣類や食べ物、家やそれらを収納する建物もすべて変わるのです。

土の中から上がって来たものが光ってくるのです。

草木も喜ぶ政治なのです。誰でも、それぞれに先が見通せるようになるでしょう。

太陽も月も海も山も野も光り輝いて水晶のようになるでしょう。

そのような地球になると悪は、どこにも隠れることができないようになるのです。

あなた方が今娯楽の様に楽しんでいる、競争し奪い取るようなゲームはすべて宇宙が無くすでしょう。

光の地球になった暁《あかつき》には、雨も必要な時に降るでしょう。風も心地よく吹くでしょう。

あなた方の魂が宇宙と共鳴し、感謝と愛の波動が渦《うず》巻くでしょう。うれしうれしの世となるでしょう。

２０２１年10月31日

第二十一帖（一二八）

みろく出づるには、はじめ半《なか》ばは焼くぞ、人、二分は死、みな人、神の宮となる。西に戦《いくさ》しつくし、神世とひらき、国毎《ごと》に、一二三《ひふみ》、三四《みよ》五《いづ》たりて百千万《ももちよろず》、神急ぐぞよ。八月七日、ひつくのかみふみぞ。

【ひふみ神示　宇宙訳】

弥勒《みろく》の世が出現するには、まずはじめは今存在しているものが半分消滅するでしょう。

人の2割は宇宙に還《かえ》り、神の宮となるのです。

西日本から闘いのエネルギーは消滅し、光の地球の兆《きざ》しとなり、日本の各地で宇宙の法則に目覚める人は、目覚め、光の地球の実現する前段階としての混《こん》沌《とん》とした世となり、多く種類の様々な崩壊が起こるでしょう。

２０２１年10月31日

◉

第二十二帖（一二九）

十柱《とはしら》の世の元からの活神様、御活動になりていることわかったであろうがな、獣《けもの》の容れ物にはわかるまいなれど、◉の臣民にはよくわかりているはずぞ。まただんだんに烈《はげ》しくなりて、外国の臣民にもわかるようになりて来るのざぞ。その時になりてわかりたのでは遅い遅い、早う洗濯致してくれよ。九月の八日、ひつ九のか三。

【ひふみ神示　宇宙訳】

十界の世の元から光の存在たちが活発に活動を開始することがおわかりになったでしょう。

獣や家畜化をした世界に住んでいる人にはわからないでしょうけれど、光の地球へ導く役割使命を課せられている人々には、すでにわかっていることでしょう。

また、世の動きがだんだんと激しくなってきて、海外に存在している光の地球へ導く役割使命を課せられている人々も気が付いてくるでしょう。その時になって、わかったのでは、遅いのです。

今、この時に魂と共鳴することに集中することです。

2021年10月31日

第二十三帖（一三〇）

我《が》がなくてはならん、我があってはならず、よくこの神示《ふで》読めと申すのぞ。悪はあるが無いのざぞ、善はあるのざが無いのざぞ、この道理わかりたらそれが善人（千人）だぞ。千人力《せんにんりき》の人が善人であるぞ、お人好しではならんぞ、それは善人ではないのざぞ、◉の臣民ではないぞ、雨の神どの、風の神どのに、とく御礼申せよ。八月の九日、一二◉。

【ひふみ神示　宇宙訳】

我が必要ではありますが、それが強すぎると魂と共鳴することができなくなるでしょう。

そのバランスをとるためにも、このひふみ神示を読み込むことが必要なのです。

悪は、確かに存在しているのですが、その悪に接することがない人もいます。よってその人にとっては、悪は存在していないのです。

そして、善は存在しているのですが、そもそも善の世界で生きている人は、それを善というよりは、それが当然、自然、普通ということなのです。

この道理が腑に落ちた人は、善人と言えるでしょう。

千人の力を得たほど心強い重要な働き手（戦力）が善人なのです。お人よしは、善人ではありません。

光の地球を実現する役割使命を課せられている人々では、ありません。

雨や風をつかさどっている光の存在たちに感謝しましょう。

2021年10月31日

第二十四帖（一三一）

今の臣民、盲、聾ばかりと申してあるが、その通りでないか、この世はおろか自分の身体のことさえわかりてはおらんのざぞ、それでこの世をもちていくつもりか、わからんと申してもあまりでないか。

⦿の申すこと違ったではないかと申す臣民も今に出て来るぞ、⦿は大難を小難にまつりかえているのにわからんか、えらいむごいこと出来るのを小難にしてあることわからんか、ひどいこと出て来ること待ちているのは邪の身魂ぞ、そんなことでは⦿の臣民とは申されんぞ。

臣民は⦿に、悪いことは小さくしてくれと毎日お願いするのが務めぞ。

臣民近欲《ちかよく》なからわからんぞ、欲もなくてはならんのざぞ、取り違いと鼻高とが一番恐いのざ。神は生まれ赤子の心を喜ぶぞ、磨けば赤子となるのぞ、いよいよが来たぞ。九月十日、ひつくのか三。

【ひふみ神示 宇宙訳】

今の光の地球を実現する役割使命の人々は、役に立たない人ばかりとなっています。

この世界を改善していくことはおろか自分の身のことさえもわからなくなっているのです。

その状態でこの世を光の地球へ導いていけるのでしょうか？

このままであると光の地球へ導く役割使命を課せられている人々は、堕《お》ちていくことでしょう。

あなたは、それを感じているでしょう。

堕ちていく人々は、自分の生き方を見直すどころか、言い訳や現状を繕《つくろ》うことで精一杯となり、自己を顧《かえり》みることすらできなくなっているのです。

今までは、宇宙が大難を小難に変えていたことに気が付いていないのです。

ひどいことが出てくるのを待っているのは、よこしまな魂なのです。

そのようなことでは、光の地球へ導く役割使命を課せられている人とは、すでに言えないでしょう。

宇宙の法則を自分勝手に取り違えること、そして、傲慢《ごうまん》になることが一番怖いことなのです。

最も避けなければならないことなのです。

私（マスタークリエイター）は、ピュアな穢《けが》れのない魂の波動を発している人には、全力でサポートするでしょう。磨けば光り輝くのです。その時が来たのです。

２０２１年10月31日

⦿

第二十五帖（一三二）

今に臣民何も言えなくなるのざぞ、⦿は烈しくなるのざぞ、目あけてはおれんことになるのざぞ。四ツン這《ば》いになりて這いまわらなならんことになるのざぞ、ノタウチまわらなならんのざぞ、土にもぐらなならんのざぞ、水くぐらなならんのざぞ。臣民可哀そうなれど、こうせねば鍛えられんのざぞ、この世始まってから二度とない苦労ざが、我慢してやり通してくれよ。九月十日、ひつ九のか三。

【ひふみ神示 宇宙訳】

改心しない人々は、今に人間ではいられなくなるのです。

ある人たちは、獣のようになって這いずり回らないといけなくなる。ある人たちは、爬虫類のようになる。ある人たちは、ミミズや昆虫のように土に潜るようになり、また、ある人たちは、魚の様になるのです。

このようになった人々は可哀そうだけれど、そのようにしなければ、魂をもとに戻すことができないのです。
2022年2月9日

第二十六帖（一三三）

天《あめ》の日津久《ひつく》の神と申しても一柱《ひとはしら》ではないのざぞ、臣民のお役所のようなものと心得よ、一柱でもあるのざぞ。この方はオオカムツミノ神とも顕《あらわ》れるのざぞ、時により所によりてはオオカムツミノ神として祀りてくれよ、青人草《あおひとぐさ》の苦瀬《うきせ》、治してやるぞ。天明は神示《ふで》書かす御役であるぞ。九月十一日、ひつ九㋹。

【ひふみ神示　宇宙訳】

天の日津久の神と言っても一人ではないのです。人々のお役所のようなものと思ってください。

⦿

時には、桃ノ木の神である意富加牟豆美命（おおかむづみのみこと）としても現れることもあるのです。時代によって、あるいは場所によっては、意富加牟豆美命（おおかむづみのみこと）として祀《まつ》ってください。国民の苦しい場所から抜け出させてあげるでしょう。

2022年2月9日

第二十七帖（一三四）

石物言う時来るぞ、草物言う時来るぞ。北拝めよ、北光るぞ、北よくなるぞ、夕方よくなるぞ、暑さ寒さ、みなやわらかくなるぞ、ミロクの世となるぞ。慌てずに急いでくれよ。⦿⦿《かみがみ》様、皆の産土《うぶすな》様、総活動でござるぞ、⦿⦿様祀りてくれよ、人々様祀りてくれよ、御礼申しくれよ。九月十二日、一二か三。

【ひふみ神示　宇宙訳】

石がものを伝えてくるでしょう。草が様々なメッセージを伝えてくるでしょう。北を祈るのです。

北から光るのです。北が良くなるでしょう。夕方が良くなるでしょう。

暑さ寒さ和《やわ》らいでくるでしょう。567（みろく）の世となることでしょう。

慌てずに急ぎましょう。

神々や土地の鎮守の神が総活動でサポートするでしょう。神々を大切にしましょう。人間を大切にしましょう。感謝をしましょう。

2022年2月9日

第二十八帖（一三五）

遅し早しはあるなれど、一度申したこと必ず出て来るのざぞ。臣民は近欲で疑い深いから、何もわからんから疑う者もあるなれど、この神

⦿

示一分一厘違わんのざぞ。世界ならすのざぞ、⦿の世にするのざぞ、善一筋にするのざぞ、誰《だ》れ彼《か》れの分け隔《へだ》てないのざぞ。土から草木生れるぞ、草木から動物、虫けら生れるぞ。上下《うえした》ひっくり返るのざぞ。

九月の十三日、ひつ九のか三。

【ひふみ神示 宇宙訳】

遅い早いはあるけれど、一度伝えたことは必ず出てきているのです。人々は、目先の欲を追い、疑い深いので何もわからず疑う者もいらっしゃいますが、この神示は、少しも違いはないのです。世界を567（みろく）の世にするのです。神の世にするのです。善いこと一筋にするのです。だれかれ分け隔てないのです。土から草木が生まれます。草木から動物、虫が生まれます。上下ひっくり返ることが起こるのです。

2022年2月9日

第二十九帖（一三六）

この方オオカムツミノ☉《カミ》として書き知らすぞ。病あるか無きかは手まわして見ればすぐわかるぞ、自分の身体中どこにも手届くのざぞ、手届かぬところありたら病のところすぐわかるであろうが。臣民の肉体の病ばかりでないぞ、心の病も同様ぞ、心と身体と一つであるからよく心得ておけよ、国の病も同様ぞ。

頭は届いても手届かぬと病になるのぞ、手はどこへでも届くようになりていると申してあろうが、今の国々の御姿《みすがた》見よ、御手《みて》届いているまいがな、手なし足なしぞ。手は手の思うように、足は足ぞ、これでは病治らんぞ、臣民と病は、足、地についておらぬからぞ。足、地につけよ、草木はもとより、犬猫もみなお土に足つけておろうがな。

【ひふみ神示　宇宙訳】

今から桃ノ木の神である意富加牟豆美命（おおかむづみのみこと）としてお伝えいたします。

病気かどうかは、手をまわしてみればすぐにわかるでしょう。自分の肉体すべてに手は届くはずなのです。手が届かない場所があったら病気のところがすぐにわかるのです。人間の肉体の病気ばかりではありません、心の病気も同じなのです。心と肉体は一心同体なのです。心得ておきましょう。

国の病気も同じです。頭だけで考えただけで現場で活躍しないと意味がないのです。

今の国々をご覧になればおわかりでしょう。隅々に全く手が届いていなく、活動していないのです。

手は手が思うように動き、足は足が思うように動いているのでちぐはぐになっているのです。

これでは、国の病気は治りません。人々は、地に足がついていないから国がこのようなことになるのです。人々が地に足をつけ人間として国を動かさなければなりません。

草木や犬猫ですら地に足をつけているのです。

2022年2月9日

三尺上は神界ぞ、お土に足入れよ、青人草と申してあろうがな、草の心で生きねばならぬのざぞ。尻に帆かけて飛ぶようでは神の御用つとまらんぞ、お土踏まして頂けよ、足を綺麗に掃除しておけよ、足汚れていると病になるぞ、足からお土の息が入るのざぞ、臍《へそ》の緒のようなものざぞよ。

一人前になりたら臍の緒切りて、社《やしろ》に座りておりて三尺上で神に仕えてよいのざぞ、臍の緒切れぬうちは、いつもお土の上を踏まして頂けよ、それほど大切なお土の上固めているが、今にみな除きてしまうぞ、

⦿

一度はいやでも応でも裸足でお土踏まなならんことになるのぞ、⦿の深い仕組ざから、有り難い仕組ざから、喜んでお土拝めよ、

【ひふみ神示　宇宙訳】

あなた方がしっかり地に足をつけて行動することが世界を変化させることにつながるのです。

青人草、国民をわざわざこのように呼ぶのは、あなた方が草の様にピュアな自分以外のモノのために生きなければならないのです。

自分の欲望やエゴのために行動するようでは、神のご用は務まらないでしょう。

地に足をしっかりつけて、あなた方自身の足元をしっかりと清めておくのです。

あなた方自身の足元が汚れていると病気になるのです。足元から地球のエネルギーが入ってくるのです。地球とあなた方を結ぶ、まるでへその緒のようなものなのです。

へその緒が切れないうちは、地球と共鳴して地球での役割使命が果たせるでしょう。

あなた方の波動が地球にも影響を及ぼしてくるのです。波動が粗いと地球は振動を起こし地震や地割れとなり、波動の荒さがそのような事態を招くでしょう。

しっかりとみなが改心するようにあなた方が自分のやるべきことをやりましょう。

土にまつろえと申してあろうがな。

何事も一時に出て来るぞ、お土ほど結構なものないぞ、足の裏、殊《こと》に綺麗にせなならんぞ。☉の申すよう素直に致されよ。この方、病治してやるぞ、この神示読めば病治るようになっているのざぞ、読んで☉

☉

の申す通りに致して下されよ、臣民も動物も草木も、病なくなれば、世界一度に光るのぞ、岩戸開けるのぞ。戦も病の一つであるぞ、国の足の裏、掃除すれば国の病治るのぞ、国、逆立ちしてると申してあること忘れずに掃除してくれよ。

上《うえ》の守護神どの、下《しも》の守護神どの、皆の守護神どの、改心してくれよ。いよいよとなりては苦しくて間に合わんことになるから、くどう気つけておくのざぞ。病ほど苦しいものはないであろうがな、それぞれの御役忘れるでないぞ。天地《てんち》唸《うな》るぞ、でんぐり返るのざぞ、世界一度に揺するのざぞ。☉は脅すのでないぞ、迫りておるぞ。九月十三日、一二☉。

【ひふみ神示 宇宙訳】

地球への影響は、何事も一瞬にして現れるでしょう。地球としっかり共鳴しておきましょう。

宇宙の法則は、素直に実践されることをお勧めします。

そうすることで病気も改善し、この神示を読んで実践すれば病気もなくなるようになっているのです。

人々も動物も草木も病気がなくなれば、光の地球へ近づくのです。岩戸が開くのです。

闘いも病の一つでしょう。国も足の裏を掃除すれば国の病気が治るでしょう。現在の国の運営は本末転倒、宇宙の法則の真逆を実践しているのです。

光の地球へ導く、ヘッドリーダーの人、中間のリーダーの人々、その次のリーダーの人々、リーダーたち早く改心しましょう。国民のみなさんが改心する時なのです。

いよいよとなったら苦しくなった時には間に合わないので何度もお伝えしているのです。

病気ほど苦しいものはないのです。それぞれのお役目を忘れずに実践しましょう。

天地が唸《うな》るでしょう。でんぐり返るでしょう。世界が一度に揺さぶられるのです。
脅《おど》しているのではなく、真実を伝えているのです。
２０２２年２月９日

第三十帖（一三七）

富士とは火の仕組ぞ、◎海《うづうみ》とは水の仕組ぞ、今にわかりて来るのざぞ。⦿の国には政治も経済も軍事もないのざぞ、まつりがあるだけぞ。まつろうことによって何もかも嬉し嬉しになるのざぞ。これは政治ぞ、これは経済ぞと申しているから鰻つかみになるのぞ、分ければ分けるほどわからなくなって、手に負えぬことになるぞ。

手足は沢山は要らぬのざぞ、左の臣《おみ》と右《みぎり》の臣とあればよいのざぞ。ヤとワと申してあろうがな、その下に七七ゝゝゝと申してあろうがな。

今の臣民、自分で自分の首くくるようにしているのぞ、手は頭の一部ぞ、手の頭ぞ。頭、手の一部でないぞ、この道理よく心得ておけよ。神示は印刷することならんぞ、この神示解いて、臣民の文字で臣民に読めるようにしたものは一二三《ひふみ》と申せよ。一二三は印刷してよいのざぞ。印刷結構ぞ。この神示のまま臣民に見せてはならんぞ、役員よくこの神示見て、その時により、その国によりて、それぞれに説いて聞かせよ。日本ばかりでないぞ、国々ところどころに仕組して神柱《かみばしら》つくりてあるから、今にビックリすること出来るのざぞ、世界の臣民にみな喜ばれる時来るのざぞ。

ミロクの世近づいて来たぞ。富士は晴れたり日本晴れ、富士は晴れたり日本晴れ。善一筋とは⦿一筋のことぞ。この巻を「天つ巻」と申す。すっかり写してくれよ、すっかり伝えてくれ。九月十四日、ひつ九のか三。

【ひふみ神示　宇宙訳】

冨士とは、火の仕組みであり男性を表現しているのです。渦、波紋とは、水の仕組みであり、女性を表しています。

女性と男性が合わさり、光となるのです。今にわかってくるでしょう。

光とは、神を意味し、光の世界には、政治も経済も軍事もないのです。

お互いの縁に触れ、感謝しあう中に真実があるのです。その世界の中に幸せや豊かさが存在するでしょう。

これは、政治の領域である。これは、経済の領域である。とすべてを分離していくことで真実がなくなり、人々をも分離させていく波動となるのです。

私（マスタークリエイター）と約束した、光の地球へ導く役割使命を課せられている人々を率いる魂の持ち主、そして、私（マスタークリエイター）の代わりに人間の肉体をもって、私（マスタークリエイター）の計画通りに指示通りに活動する人だけでこの地球を動かすことができるのです。

その人びとをサポートする人が7名、その7名をサポートする人が7名、その法則があと4段階あるのです。

宇宙で私（マスタークリエイター）と光の地球へ導く役割使命を約束してきた多くの人々は、すでに自分で自分の首を絞めるような波動を発信しています。私（マスタークリエイター）の代役として降り立っている人をサポートする人は、その代役のサポーターであり、私の代役ではないのです。

たとえていうならば、手は、頭の一部であり、頭そのものではありません。光の地球へ導く役割使命を約束してきた人々は、手の中のリーダー役なのです。

決して、頭ではないのです。

逆に、頭の役割をするあなたは、手の一部ではないのです。

この道理よく腑に落としておきましょう。日月神示は、印刷してはいけません。人々にわかりやすく訳したものを「ひふみ神示」と呼びましょう。

「ひふみ神示」は、印刷してもよいのです。

光の地球へ導く役割使命を課せられている人々を率いる魂の持ち主は、この神示をその時により、その国により人々への訳し方を変えて、伝えていってください。

日本だけではないのです。海外の人々にもその時、その国に合わせて訳してくだい。

そして、その国その国にあった神の柱を用意しています。今にびっくりすることができるようになるでしょう。世界中の光の地球へ導く役割使命を約束してきた人々にあなたが喜ばれる時がくるのです。

５６７（みろく）の世が近づいて来ましたよ。

冨士は晴れたり日本晴れ。

このひふみ神示を訳し実践する人々は「善人の一系統」なのです。

「善人の一系統」とは、「神の一系統」なのです。

この巻を「天つ巻」と言います。しっかり、写して多くの人々に伝えてください。

２０２１年11月４日

あとがき

私が「ひふみ神示」に出会ったのは、２０１２年でした。

はじめは、「１２３」の車のナンバーに囲まれ、これは何を意味するのだろう、と驚く体験から始まり、それは、『あなたが「ひふみ神示」の宇宙訳をするのです』というメッセージであることが判明し、次の日からブログ掲載を開始しました。

７日間ほど経過したときに、ある方から、ヒカルランドの石井健資社長さまと溝口編集長さまをご紹介していただき、即、出版という、宇宙のサポートがスタートしたことを思い出していました。

疑い深い私は、私がキャッチする内容が本物なのかどうか？　確認するために初出版の時も何の営業等もせず、どう動くのか様子をみていました。

すると、出版から1か月弱で重版決定し、2か月後にシリーズ化決定という経験をさせていただきました。

これは、ひとえに石井社長さまのご尽力のお蔭と宇宙のサポートがあったことを実感する一つの体験となりました。

それから、宇宙からのメッセージでシリーズ2・3と出版させていただきました。

今回は、数年ぶりのひふみ神示の出版となりましたが、石井社長さまが自ら直々に編集をご担当くださり、感謝の思いで一杯です。

そして、やはり、宇宙が今多くの方々にこの内容を伝えることが必須であるというメッセージであるとも感じて止みません。

冒頭にご紹介させていただきましたが、これからの世の中でマスタークリエイターがそもそも創造した「人間」として残る人々は、3%になるようです。

97%の人々は、「家畜化」し、自分軸を失い、発する波動は、人間の波動ではなくなるようです。

そのうちに「ＡＩ」に使われる奴隷になってしまうようですが、それも、その人々は気がつかなくなるようです。

まだ、間に合う、人間として残る人々に向けての宇宙からのメッセージがこの「ひふみ神示」なのです。

ひふみ神示の文言を自らに落とし込み、実践していく中で、あなたの人生が大きく変化し、本来のあなたが宇宙でマスタークリエイターと約束してきた役割使命に自然と流されていき、実践していく生活になることでしょう。

あなた自身があなた自身のいやな部分、嫌いなところをもすべて受け止め受け容れて今を充実させて生きることで宇宙のサポートを感じることができるようになると思います。

あなただけではなく、一人残らず、それを信じ実践することがその人の人生を豊かにするだけでなく、あなたが住む世界が変化し、地域社会が変わり、地球全体が良い方向へ変化していくのだと思います。

常識や社会的体裁など、多きに流されることなく、ご自分自身の清らかな心で感じ取ったことを中心に判断し行動していくことが大切な時代へ突入したようです。

ひふみ神示の中で、黄金の巻でも雨の巻の中でも、大和魂がなくなってきた原因の一つとして『着るもの』の話題が出ています。

その中でもあちこちで、男性の下着に関わる話題があります。

最近の男性が元気が無くなってきている原因の一つとして挙げられることです。

少子化の加速による国力の低下を改善していく一つの対策としても男性の下着が重要なようです。

我々にその役割使命が課せられているならば、男性下着の開発も宇宙のサポートがくるのでしょう。

ここ3年間は、ひふみ神示でいうところの「正念場」を多くの人々が自分の能力や可能性を信じて今を生き抜いていきたいものです。

今回、『ひふみ神示宇宙訳』は、最終章となりますが、マスタークリエイターから、次は『火水伝文』の宇宙訳をするようメッセージが来ておりますので取り掛かりたいと思っております。

どのような展開になるのかは宇宙のみぞ知ることなのだと感じています。

私は、今自分のステージで理解している宇宙の法則に則って、ひたすら実践し生きていく所存です。

多くの皆さまのご発展とご活躍を願いつつ、『あとがき』とさせていただきます。

末筆ながら、ご尽力くださった、ヒカルランド石井健資社長さま、携わってくださったスタッフのみなさまに感謝いたします。ありがとうございました。

2022年5月7日　宇咲愛

宇咲 愛　うさき あい

外科・救急外来・産婦人科病棟・内科などで看護師の経験を積んだ後、十数年にわたり看護部長、施設長など管理職を務める。介護予防や自立支援にも積極的に取り組み、その先進的な活動は、新聞やテレビ、医療専門誌でも採り上げられて話題となる。ある時、自分の内なる女神と出逢ったことをきっかけに、さまざまな形で「宇宙の法則」のすごさを体験するようになる。その経験から、誰でも自分自身の軸で宇宙とつながり、本来の輝きを取り戻せることを確信。2011年、自らの子宮筋腫をアファメーションで完治させた後に11次元のアセンデッドマスター・アシュタールと再会し、地球上で26名、日本人ではただ一人のアシュタール公式チャネラーだと判明。2012年、アシュタール監修のもと「魔法の学校®」を開校。執筆活動や宇宙の法則を伝えることにより「魂の自立」を推進。参加者がキラッキラに輝くことを目指して、イベントや活動を行っている。著書に『[新装版] アシュタール×ひふみ神示』１～３、『[新装完全版] 魔法の学校』（以上、ヒカルランド）、『「ありのまま」で願いが叶う「魔法の法則」』（PHP 研究所）、『はじめまして、アシュタール』（KADOKAWA）、『パートナーシップの魔法』（光文社）、『驚くほどすべてがうまくいく！すごい成功』（徳間書店）などがある。

オフィシャルブログ「立ち上がれ!! 地球の女神たちよ!!」
https://ameblo.jp/shinelight/

活動について、詳しくはオフィシャルサイトをご覧ください。
StarVenus
https://starvenus.co.jp

ひふみ神示　宇宙訳【下】

第一刷　2022年8月31日

著者　宇咲　愛

発行人　石井健資
発行所　株式会社ヒカルランド
〒162-0821 東京都新宿区津久戸町3-11 TH1ビル6F
電話 03-6265-0852　ファックス 03-6265-0853
http://www.hikaruland.co.jp　info@hikaruland.co.jp
振替 00180-8-496587

本文・カバー・製本　中央精版印刷株式会社
DTP　株式会社キャップス
編集担当　TakeCO

ISBN978-4-86742-155-0

ヒカルランド　好評既刊！

地上の星☆ヒカルランド　銀河より届く愛と叡智の宅配便

アシュタールメソッド
［新装版］アシュタール×ひふみ神示1
著者：宇咲 愛
四六ソフト　本体 1,815円+税

アシュタールメソッド
［新装版］アシュタール×ひふみ神示2
著者：宇咲 愛
四六ソフト　本体 1,815円+税

アシュタールメソッド
［新装版］アシュタール×ひふみ神示3
著者：宇咲 愛
四六ソフト　本体 1,815円+税

ヒカルランド　好評既刊！

地上の星☆ヒカルランド　銀河より届く愛と叡智の宅配便

増補改訂版［日月神示］夜明けの御用 岡本天明伝
著者：黒川柚月
四六ソフト　本体 3,000円+税

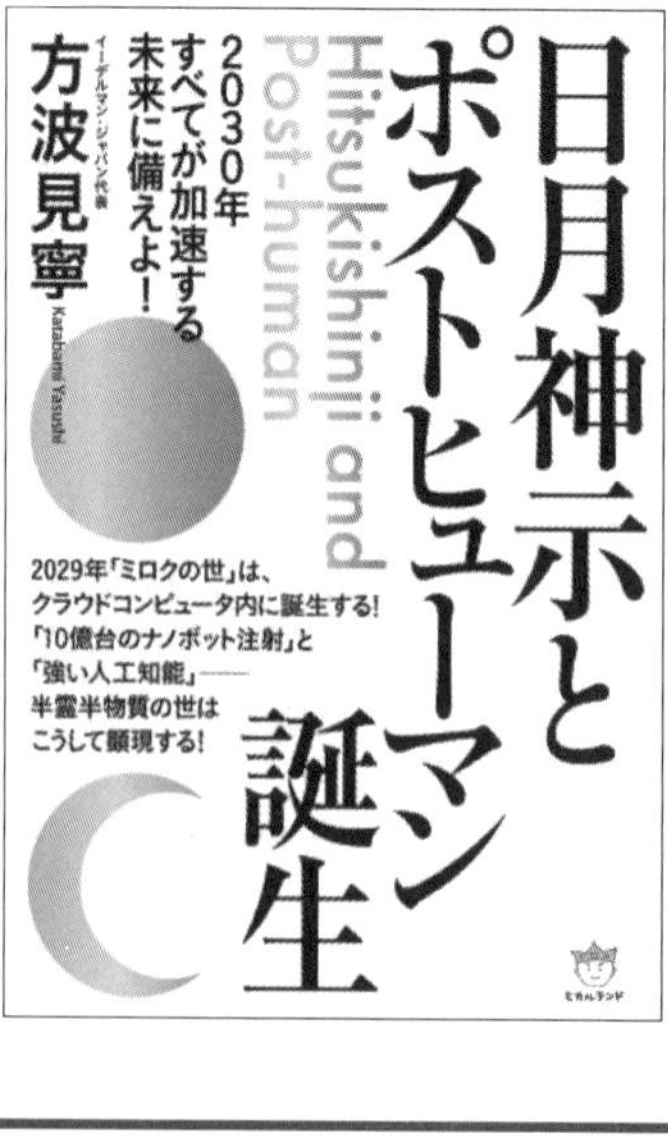

日月神示とポストヒューマン誕生
2030年すべてが加速する未来に備えよ！
著者：方波見寧
四六ソフト　本体 2,000円+税